CONFESSIONS

D'UN

BOHÊME

PAR

XAVIER DE MONTÉPIN.

IV

PARIS
ALEXANDRE CADOT, ÉDITEUR,
32, RUE DE LA HARPE

1850

CONFESSIONS D'UN BOHÊME.

Ouvrages du Marquis de Foudras.

EN VENTE.

Un Caprice de grande dame.	3 vol.
Un Capitaine de Beauvoisis.	4 vol.
Jacques de Brancion.	5 vol.
Les Gentilshommes chasseurs.	2 vol.
Les Viveurs d'autrefois.	4 vol.
Les Chevaliers du Lansquenet	10 vol.
Lord Algernon	4 vol.
Madame de Miremont	2 vol.
Lilla la Tyrolienne.	4 vol.
Tristan de Beauregard.	4 vol.
Suzanne d'Estoqville.	4 vol.
La comtesse Alvinzi.	2 vol.

Sous presse.

Dames de cœur et Dames de pique.
Le dernier des Roués.
Un Drame en famille.
Les Veillées de la Saint-Hubert.
Le Commandeur de Pontaubert.

Ouvrages de A. de Gondrecourt.

EN VENTE:

Les Péchés mignons	5 vol.
Médine.	2 vol.
La Marquise de Candeuil	2 vol.
Un Ami diabolique	5 vol.
Les derniers Kerven.	2 vol.

Sous presse.

La Chasse aux diamants.
Le Bout de l'oreille.

Ouvrage d'Alexandre Dumas.

LA COMTESSE DE SALISBURY.

6 volumes in-8.

On vend séparément les derniers volumes pour compléter la première édition.

CONFESSIONS

D'UN

BOHÊME

PAR

XAVIER DE MONTÉPIN.

IV

PARIS
ALEXANDRE CADOT, ÉDITEUR,
32, RUE DE LA HARPE.
—
1850

DEUXIÈME PARTIE.

— SUITE. —

LA DUCHESSE.

— SUITE. —

XVIII

LA FÊTE.

Nous avons dit précédemment que le duc de La Tour du Pic occupait l'un des beaux hôtels de la rue du Faubourg Saint-Honoré.

Cet hôtel, voisin de l'Élysée Bourbon, (aujourd'hui Palais de la Présidence), était enfermé entre une vaste cour et un immense jardin qui se prolongeait jusqu'aux Champs-Élysées, dont il était séparé seulement par un fossé profond et une grille de fer.

D'épais massifs, habilement disposés, empêchaient les regards indiscrets des promeneurs de pénétrer dans les jardins et les dépendances de l'hôtel.

Toutes les merveilles de l'art et de la nature se trouvaient réunies dans cette fraîche oasis.

D'immenses pelouses d'un gazon anglais, doux et soyeux comme du velours et soigneusement arrosé chaque matin, étaient coupées par de longues allées circulaires dont les jolis pieds de la duchesse Mathilde aimaient à fouler le sable blanc et fin.

De vieux arbres aux troncs robustes, découpant sur l'azur du ciel leurs feuillages capricieux entretenaient, malgré les chaleurs de l'été, une fraîcheur délicieuse dans ce parc en miniature.

Çà et là, — au milieu des bosquets d'arbustes exotiques, — des statues de marbre, debout sur leurs socles de granit, profilaient leurs formes romaines ou leurs contours athéniens. —

C'est dans ce jardin, et par une belle soirée du mois de juillet, que nous allons conduire nos lecteurs.

La duchesse Mathilde donnait une grande fête, à laquelle avaient été conviés tous les représentants de la haute aristocratie qui se trouvaient encore à Paris.

Les deux façades de l'hôtel étaient illuminées.

On avait disposé dans chaque bosquet des girandoles étincelantes, et leurs feux de mille couleurs donnaient à ce splendide éclairage un cachet oriental, dont les bals publics ont fait depuis lors la chose la plus vulgaire et la plus banale, mais qui se trouvait être, à cette époque, une nouveauté du meilleur goût.

Un orchestre invisible, caché dans un kiosque préparé à cet effet, lançait, par intervalles, des bouffées d'harmonie dont les fusées mélodieuses s'éparpillaient dans les airs, comme la gerbe d'un feu d'artifice.

On dansait et l'on jouait dans les salons du rez-de-chaussée de l'hôtel, on se promenait dans les jardins et une nuée de laquais faisait circuler dans ces salons et dans ces jardins des rafraîchissements de toutes sortes et des réconfortants de toute nature.

Ici, du punch glacé, des sorbets et du vin de Champagne frappé.

Là, des ananas et les fruits des deux mondes.

Ailleurs, enfin, des volailles froides, des galantines, et toutes les miraculeuses inventions de la science transcendante du pâtissier et du confiseur.

Trois personnages bien connus de nous se promenaient lentement dans l'allée couverte qui longeait les Champs-Élysées.

Ces trois personnages étaient le baron

de Maubert, le comte de Salluces et le vicomte Raphaël.

M. de Maubert semblait joyeux, comme un homme qui touche à l'accomplissement d'un projet longtemps rêvé.

Le comte de Salluces affectait la gaîté et riait à tout propos, mais d'un rire nerveux et contraint.

Quant à notre héros, le vicomte Raphaël, il était soucieux, rêveur et distrait, — il prêtait l'oreille à tous les bruits, — son regard errant cherchait, à chaque détour de l'allée, quelqu'un ou quelque chose, et, par moment, on le voyait tressaillir quand une forme blanche se dessinait soudain sur les massifs de la sombre verdure.

M. de Maubert observait son jeune protégé, et, à chacun des tressaillements qui échappaient à Raphaël, on le voyait sourire en se frottant les mains.

— En vérité, mon très cher, — dit-il tout-à-coup au comte de Salluces, — il faut convenir que nous assistons à une fête de la plus superbe ordonnance, — regardez donc à travers cette éclaircie du feuillage, voyez cette façade lumineuse, ces groupes de jeunes femmes qui répandent autour d'elles les flammes de leurs diamants et les flammes de leurs prunelles. Voyez ces livrées opulentes, ces serviteurs prompts et discrets, écoutez cette musique aérienne, et convenez avec moi que M. de La Tour du Pic est un véritable grand seigneur et sait faire dignement les choses !

— Parbleu! — répondit le comte de Salluces, — avec six cent mille livres de rentes j'en ferais bien autant.

— Six cents mille livres de rentes! — répéta le baron. — Oui, c'est vrai, avec une fortune royale il est facile d'agir en roi!!

Et, tandis que M. de Maubert prononçait ces paroles, ses yeux brillaient d'un éclat extraordinaire et son accent exprimait une convoitise âpre et farouche, semblable à celle qui se traduit dans les mugissements de la hyène affamée.

— Six cents mille livres de rentes! — répéta-t-il pour la seconde fois, puis, après un instant de silence, il reprit en s'adressant à M. de Salluces, mais dans l'intention visible d'arracher Raphaël à la rêverie qui l'absorbait.

— Eh bien ! le croiriez-vous, mon cher ? — si j'étais un homme de votre âge au lieu d'être presque un vieillard, ce n'est pas la fortune de M. de La Tour du Pic que je lui envierais le plus...

Que serait-ce donc ? — demanda le comte.

—Ce serait sa femme, — répondit M. de Maubert.

—Sa femme ! —s'écria Raphaël, éveillé soudain du sommeil de ses rêves, comme s'il eût été touché par une étincelle électrique.

— Eh ! oui, sans doute ! — répliqua le baron, — sa femme, l'ange le plus charmant, la plus céleste créature que j'aie jamais entrevue, même dans les songes de mes vingt ans, — Sa femme, doux trésor de beauté, de jeunesse et d'amour, — cette Mathilde divine, — vierge de cœur à coup sûr, et vierge de corps sans doute, puisqu'elle est unie à un fantôme impuissant et caduc, — voilà le trésor que je voudrais conquérir à tout prix, — voilà le diamant sans tache que je préférerais à tous les millions du duc..... si comme vous, Messieurs, j'avais encore des cheveux noirs sur une tête de vingt ans....

« Êtes-vous de mon avis, Raphaël?

— Certes! — s'écria le vicomte, avec enthousiasme. — Qui donc hésiterait à jouer sa vie contre l'amour de la duchesse!! — Être aimé d'elle!..... aimé d'elle!..... oh!

mon Dieu! mais c'est un rêve..... impossible!....

— Impossible! pourquoi? — rien n'est impossible, ici-bas, mon ami, et pour réussir en toutes choses il ne faut que vouloir!

— *Il ne faut que vouloir!* — s'écria Raphaël, — que dites-vous, monsieur le baron?

— La vérité. — Seulement nous avons besoin de nous bien comprendre. — Par le mot *volonté*, je n'entends point un stérile désir, une vague aspiration du cœur, comme disent les niais et les imbéciles, — j'entends cette ardeur impétueuse, irrésistible, continue, qui dirige vers un but unique toutes les forces de l'esprit, toutes les facultés de l'âme, — qui marche toujours, ne recule jamais et brise les obstacles qu'elle ne peut franchir. — J'entends cette détermination inflexible, obstinée, aveugle, qui veut arriver, et qui arrive, quand même et malgré tout. — C'est à l'aide de la *volonté* que Richelieu sortait vainqueur de tous les boudoirs et Napoléon de toutes les batailles, et je prétends que celui, quel qu'il soit, qui *voudrait* être aimé de la duchesse Mathilde, n'aurait, pour arriver, qu'à le *vouloir* ainsi. — Sur ce, Messieurs, je vous quitte, et je vais dans les salons de l'hôtel faire deux ou trois tours de wisth ou de bouillotte. — A bientôt.

— A tout à l'heure, cher baron.

Le vicomte Raphaël et M. de Salluces, restés seuls, continuèrent pendant quelques minutes leur promenade, sans se parler.

Raphaël rompit enfin le silence.

— Croyez-vous, — demanda-t-il à son compagnon, — croyez-vous au système de M. de Maubert.

— Oui, — répondit Salluces.

— Ainsi vous admettez...

— Qu'on puisse tout ce que l'on veut fermement? — Oui.

— Sans exceptions?

— Sans exceptions, — je le crois, j'en suis sûr !

— Si c'était vrai...! — murmura le vicomte à voix basse, et l'expression de son regard ardent compléta sa phrase interrompue.

— Raphaël... — dit tout-à-coup M. de Salluces en s'arrêtant et en prenant entre les siennes l'une des mains de son compagnon.

— Mon ami? — répondit le jeune homme étonné.

— Voulez-vous être franc avec moi?

— Mais... sans doute...

— Alors, répondez-moi, la main sur votre cœur. — Vous aimez la duchesse?

— Moi!! — s'écria Raphaël.

— Vous l'aimez, je le sais.

— Et... quand cela serait...?

— Cela est, — convenez-en.

— Eh bien ! oui, j'en conviens, — quoique votre question me semble étrange, — oui, je l'aime, — je l'aime de toutes les puissances de mon cœur, — je l'aime comme un fou... et sans espoir... car jamais, jamais Mathilde ne saura même mon amour...

— Raphaël, — reprit M. de Salluces, — voulez-vous me permettre de vous donner un conseil ?

— J'écoute.

— Vous ne vous sentez pas le courage, n'est-ce pas, d'étouffer dès sa naissance l'impétueux amour dont vous venez de me parler...?

— Étouffer cet amour ! j'aimerais mieux mourir...!

— Eh bien… — mais d'abord, mon ami, jurez-moi de ne pas répéter au baron de Maubert un mot, un seul mot, de ce que je vais vous dire.

— Je vous le jure.

— Sur votre honneur ?

— Sur mon honneur.

— Alors, — (et croyez que je fais en ce moment une des bonnes actions qui seront rares dans ma vie), — alors, mon ami, fuyez, — quittez Paris, — cachez-vous si bien que personne au monde et le baron moins que tout autre ne puisse retrouver vos traces, — disparaissez pendant un an, pendant deux s'il le faut, — sinon vous êtes perdu, vous glisserez dans un abîme dont vous ne connaîtrez la profondeur que quand vous serez au fond, tout brisé et tout sanglant de votre chute, — vous vous préparerez une vie de douleurs, de hontes, et surtout de remords. — Croyez-moi, Raphaël, fuyez, — aujourd'hui plutôt que demain, — à l'instant plutôt que dans une heure...

M. de Salluces prononça les paroles que nous venons de répéter, avec une animation qui ne lui était point habituelle, — sa voix était sincèrement émue, et, quand il eut achevé, il serra vivement et d'une façon presque convulsive la main de Raphaël.

— Ah çà ! — s'écria ce dernier, de plus en plus surpris, — fuir ! me cacher ! — que voulez-vous dire ?

— Je veux dire ce que je dis, — rien de plus, — rien de moins.

— Voyons, mon cher, ne me parlez pas en énigmes, expliquez moi...

— Rien.

— Comment?

— Je ne puis pas, je ne veux pas, ajouter un seul mot à ce que vous venez d'entendre. — J'ai fait ce que me dictait un instinct inaccoutumé ; — je vous ai donné un conseil, — dangereux pour moi, — qui vous sauvera si vous le suivez. — Maintenant votre salut est entre vos mains, — vous êtes prévenu, — agissez comme vous voudrez, — je m'en lave les mains, — seulement n'oubliez pas que vous m'avez juré le secret.

Puis, M. de Salluces serrant la main de
Raphaël, disparut à l'angle d'un bosquet.

Pendant dix minutes environ le vicomte
resta debout à la même place, immobile,
les yeux baissés.

Mais tout à coup il releva la tête, en ap-
puyant les deux mains sur son cœur :

— Salluces est fou ! plus fou que moi !
— s'écria-t-il, presqu'à voix haute, — Fuir !
pourquoi ? — me cacher ! pourquoi ? —
un malheur me menace ! — lequel... ? —
Rêveries que tout cela... ou plutôt, je devine... Salluces est mon rival et voudrait
m'éloigner ! — je comprends... je com
prends ! — Ah ! ils disent, tous les deux,
qu'avec la *volonté* on peut tout ! eh bien ! —
je me le jure à moi-même, dans trois mois

la duchesse Mathilde m'appartiendra... ou je serai mort!!

XIX

UN QUADRILLE.

Il était une heure du matin.

La fraîcheur de la nuit avait chassé des jardins la plus grande partie des invités de M. de La Tour-du-Pic et la foule encombrait les appartements de réception.

Plusieurs quadrilles s'étaient organisés dans le salon des glaces (ainsi nommé parce que des glaces immenses remplissaient tous les panneaux).

C'est là que nous retrouverons le vicomte Raphaël.

Accoudé à un piédestal de marbre blanc supportant un grand vase du japon rempli de fleurs naturelles, le jeune homme, caché à demi par les gerbes parfumées des roses du Bengale, fixait son regard ardent et charmé sur l'un des groupes qui formaient le quadrille le plus voisin.

C'était une femme, nos lecteurs l'ont deviné déjà, qui préoccupait si vivement Raphaël, et cette femme, avons-nous besoin de le dire, n'était autre que la duchesse.

Les couleurs manquent sur notre palette

pour donner une idée exacte de la surhumaine beauté de Mathilde, animée et rendue plus charmante encore par l'enivrement de la danse et du bal.

Entièrement vêtue de blanc, sans fleurs et sans bijoux, simple dans sa parure comme une jeune fille qui vient dans le monde pour la première fois, la jeune duchesse semblait un ange descendu pour une heure des voûtes bleues du firmament, ou, mieux encore, une fée échappée de sa grotte étincelante, et daignant présider les danses des enfants des hommes.

Ses grands cheveux blonds, à demi débouclés, flottaient en longues spirales autour de ses joues rosées, et caressaient comme des serpents dorés, la naissance de sa gorge de vierge.

Ses yeux bleus, à l'azur si doux et si profond, lançaient de molles étincelles à demi noyées dans la double langueur du plaisir et d'un commencement de fatigue.

Cette duchesse de seize ans, amoureuse, comme on l'est à son âge, de l'harmonie et du mouvement, s'abandonnait, avec une adorable naïveté, à ses joyeuses émotions.

Tout entière aux suaves mélodies de l'orchestre, aux mouvements cadencés de la contredanse, Mathilde souriait, sans les entendre, aux galantes banalités que lui débitaient ses cavaliers.

Son petit pied battait la mesure avec animation sur le parquet brillant.

Sa main mignonne frémissait sur la main gantée de ses danseurs.

Puis, quand la ritournelle était achevée, quand le moment était venu de dessiner l'une des figures du quadrille, Mathilde s'élançait vive et légère, — on eût dit que des ailes de sylphide lui poussaient aux talons, — et, si merveilleuse était sa grâce inimitable que la jeune femme parvenait à changer en quelque chose de charmant les vulgaires évolutions chorégraphiques, qui, alors comme aujourd'hui, constituaient la danse des salons.

Raphaël, éperdu d'amour, Raphaël plongé dans une extase semblable à celle des sectateurs de Mahomet, qui enivrés par les vapeurs de l'opium et du haschich voyaient le ciel s'ouvrir devant eux et leur dévoiler ses délices, Raphaël, disons-nous, se sentait dominé par un irrésistible vertige et se répétait tout bas avec la plus complète bonne foi, ce dicton devenu trivial et dont M. Scribe a fait un vaudeville : *Être aimé ou mourir!* *

---

* Les derniers mots que nous venons d'écrire nous suggèrent quelques réflexions, et comme ces réflexions n'ont, de près ou de loin, aucune espèce de rapport avec le contenu du présent chapitre, nous les donnons en forme de note, afin que nos lecteurs puissent se procurer la satisfaction de les éviter, sans avoir en même temps l'ennui de parcourir la page tout entière pour savoir où finit ce hors-d'œuvre.

Nous avons nommé M. Scribe.

Cet écrivain, duquel nous apprécions d'ailleurs le grand talent et l'immense habileté, nous paraît être la personnification complète du froid scepticisme de notre époque.

La plupart des pièces de M. Scribe sont de petits chefs-d'œuvre de doute et d'ironie.

Se rencontre-t-il en ce monde une croyance erronée mais consolante, une utopie poétique et touchante, vite, voici venir M. Scribe qui prend à partie cette croyance, cette utopie, ce paradoxe, qui le sape dans ses fondements à grands coups de couplets et d'épigrammes et qui met à la place une vérité incontestable, inattaquable, mais stérile et glaciale.

On avait cru longtemps au souvenir charmant des *premières amours*... — M. Scribe vous prouve que le cœur, quand il oublie, n'oublie point à demi.

Longtemps les femmes s'étaient bercées de ce doux rêve, qu'un amoureux éconduit se tuait de désespoir. — *Être aimé ou mourir!* — répétaient les galants sur tous les tons.... et

La mise en scène du tableau que nous venons d'esquisser de notre mieux, se mo-

ces dames cédaient, — pour éviter de grands malheurs !

Mais ce n'est pas tout encore, et l'auteur du *Mariage de raison* a bien d'autres péchés sur la conscience.

Sans le *charlatanisme*, M. Scribe nous l'a prouvé, le mérite modeste reste sous le boisseau, tandis que, le *charlatanisme* aidant, l'intrigant effronté se carre au premier rang.

L'amitié même n'a pu trouver grâce devant l'inexorable vaudevilliste; M. Scribe nous a donné la preuve que l'amitié, dans tous les temps et dans tous les cas, se subordonnait à l'intérêt. — *O amitié!!!*

Eh bien ! malgré tout cela, — à cause de tout cela, veux-je dire. — M. Scribe est l'homme le plus populaire de notre époque et ne compte ses pièces que par des succès.

O tempora!

Or, nous le répétons, M. Scribe dont l'habileté est devenue proverbiale, n'a exploité la veine féconde que nous venons de signaler que parce qu'il a senti que le scepticisme était à l'ordre du jour dans notre époque, et que le public récompenserait par ses bravos celui qui lui rendrait le service de détruire ses dernières illusions.

M. Scribe a eu raison.

Et cependant, tout bien considéré, les illusions sont bonnes à quelque chose, et j'en voudrais de tout mon cœur à celui qui m'enlèverait celle que je caresse si volontiers et qui consiste à me persuader, cher lecteur, que mes romans ont du succès.

difia tout-à-coup d'une façon sensible.

Le regard joyeux de la duchesse Mathilde, s'arrêtant par hasard sur les touffes embaumées des roses du Bengale derrière lesquelles se cachait le vicomte, entrevit les prunelles fixes et brûlantes du jeune homme.

Sans doute, — et ici nous trouvons les traces d'un phénomène encore inexpliqué, mais que la science moderne s'est vue forcée d'admettre, — sans doute, de ces prunelles s'échappaient des effluves magnétiques (semblables à celles qui jaillissent des yeux de certains serpents et fascinent les petits oiseaux), car, à peine le regard de Mathilde s'était-il croisé pendant une minute avec celui de Raphaël, que la jeune femme sentit une douleur aiguë, mais passagère, lui traverser le cœur.

Elle pâlit.

Le sourire s'effaça de ses lèvres.

Une sorte d'effroi lui fit fermer les yeux, tandis qu'une sensation inconnue et pénible, une épouvante instinctive et involontaire, s'emparait de tout son être.

Aucun de ces rapides symptômes n'avait échappé à Raphaël.

L'expérience, acquise par lui à l'école du baron de Maubert, lui disait de se réjouir de l'effet produit sur Mathilde par un de ses regards, et d'ailleurs il avait reçu le contre-coup de l'étincelle électrique qui venait de frapper la duchesse.

Il fit un mouvement pour se rapprocher d'elle.

Mais déjà elle était entourée.

Au moment où elle avait pâli et fermé les yeux, plusieurs personnes croyant qu'elle allait se trouver mal s'étaient avancées pour la soutenir.

Ce malaise ne dura qu'un instant.

— Ce n'était rien, — dit-elle, en rappelant le sourire sur ses lèvres; — un peu de fatigue... un éblouissement... C'est fini... n'interrompons point le bal, je vous en prie. — Je veux encore danser.

Chacun reprit sa place et Mathilde, voilant à demi ses grands yeux bleus sous ses longs cils, reporta de nouveau son timide regard vers le vase du Japon couronné de roses du Bengale.

Mais Raphaël n'était plus là.

Presqu'en face du vicomte, à l'extrémité opposée du salon des glaces, un autre personnage, un vieillard, avait assisté à toute la scène que nous venons de raconter.

Ce personnage, dont les yeux s'attachaient sur Mathilde avec une expression de tendresse poussée jusqu'à l'adoration, était le duc de Latour-du-Pic.

Les diverses émotions qui traversaient son âme, se reflétaient sur son visage comme dans un miroir fidèle.

D'abord, en contemplant Mathilde si

rieuse, si gaie, si heureuse, c'avait été la joie d'un père qui assiste au triomphe et au bonheur de sa fille.

Peu à peu cette expression s'était modifiée, — un sentiment plus personnel avait paru envahir la pensée de M. de la Tour-du-Pic.

Chaque fois que le danseur de la jeune femme se penchait à son oreille pour y murmurer quelque parole, — chaque fois que Mathilde répondait par un regard ou par un sourire, — si distrait que fût le sourire, si indifférent que fût le regard, — une ride profonde se creusait entre les sourcils du vieux duc et son regard s'assombrissait.

Enfin, quand Mathilde pâlit et sembla près de s'évanouir, M. de Latour-du-Pic, mordu au cœur par un soupçon jaloux, se précipita pour tâcher de saisir la cause du trouble inattendu de sa femme.

Il ne vit rien. — Mais il devina presque.

§

Cependant la nuit touchait à sa fin.

Peu à peu les convives disparaissaient l'un après l'autre.

Les bougies achevaient de se consumer dans les candelabres.

Les guirlandes de fleurs se fanaient dans les cheveux et aux corsages des danseuses.

Quelques quadrilles obstinés luttaient seuls contre la désertion générale.

Les joueurs de bouillotte, installés dans un petit boudoir qui ouvrait sur le salon des glaces, sentant que l'heure du départ approchait, risquaient des sommes énormes, soit pour compenser les pertes précédentes, soit pour réaliser un bénéfice important.

La table à laquelle était assis M. de Maubert disparaissait littéralement sous des monceaux d'or et de billets de banque.

— Voici le dernier tour, — dit le baron en relevant ses trois cartes, — après ce coup, je quitte la place.

— C'est convenu, — dit l'un des joueurs,

— A vous à parler, monsieur le baron.

— *Je vois la carre* *.

— Moi aussi.

— Moi aussi.

—*Je passe parole,*—dit le premier joueur.

— A Monsieur, — dit le second en indiquant le troisième joueur.

— Au *carré,* — reprit celui-ci.

— Je fais mon argent, — dit le *carré* après avoir regardé ses cartes.

— Tenu.

— Tenu.

* Expression consacrée.

— Tenu.

Tout le monde était engagé, et tout le monde tenait l'enjeu du *carré* qui avait une vingtaine de mille francs devant lui.

On abattit les cartes.

Les quatre joueurs avaient des *brelans*.

Celui de M. de Maubert était un *brelan carré* de rois.

Il gagnait tout l'argent qui couvrait la table.

— Voilà un beau coup ! — dirent les trois joueurs.

— Il est prodigieux ! — répondit le baron en remplissant ses poches avec le plus grand sang-froid. — Messieurs, j'ai l'honneur de vous souhaiter le bonsoir, ou plutôt le bonjour, car voici l'aube qui paraît.

M. de Maubert quitta le boudoir pour se rendre dans salon des glaces.

Au moment où il en franchissait le seuil, la duchesse Mathilde passait au bras de son mari.

Elle tenait de la main gauche un énorme bouquet.

Une des fleurs de ce bouquet, — une rose mousseuse, — se détacha sans qu'elle la vit et tomba à ses pieds.

La duchesse ne s'arrêta point.

Raphaël, croyant n'être pas observé, se

précipita pour ramasser cette fleur, la couvrit de baisers passionnés, puis la cacha dans sa poitrine.

M. de Maubert n'avait perdu aucun de ces détails.

— Décidément, — se dit-il en se frottant les mains, — décidément, je gagne à tous les jeux cette nuit !

XX

L'AMOUR D'UN VIEILLARD.

M. de Latour-du-Pic avait cru qu'en épousant Mathilde il assurait le bonheur des dernières années qui lui restaient à vivre.

Il s'était dit que les fibres de la passion proprement dite avaient été usées dans son cœur par le temps et par la souffrance.

Il s'était juré que sa tendresse pour la belle et chaste enfant à laquelle il donnait son nom, ne serait jamais qu'une tendresse toute paternelle, et que mademoiselle de Simeuse, devenue sa femme devant Dieu et devant les hommes, resterait cependant, en réalité, sa fille et rien que sa fille, — épouse et vierge tout à la fois.

M. de Latour-du-Pic, lorsqu'il se répétait tout cela, était le jouet de décevantes illusions.

Dieu fait bien ce qu'il fait ; — la nature a des lois immuables, et, quand on marche à l'encontre de l'une de ces lois, la punition ne se fait point attendre.

A peine le vieux duc avait-il acquis sur Mathilde les droits imprescriptibles que donne le mariage, que son affection changea de nature.

Il songea à devenir de fait ce qu'il était déjà de nom, c'est-à-dire propriétaire et maître absolu.

Sa tendresse paternelle se transforma en un violent amour, et cet amour fut un premier supplice.

Voici comment et voici pourquoi :

M. de Latour-du-Pic, nature exceptionnelle et d'élite, possédait au plus haut degré l'instinct de tous les sentiments délicats.

Il ne se dissimula pas un instant ce qu'il y avait d'odieux et de repoussant dans l'union *physique et complète* de sa vieillesse avec la verte jeunesse de Mathilde.

Était-ce donc à lui, — à lui dont les deux pieds chancelaient déjà sur le bord d'une tombe entr'ouverte, — était-ce donc à lui d'initier la naïve et pudique enfant aux doux mystères de la volupté?

Quoi! Mathilde, cet ange aux cheveux blonds qui l'appelait son père, subirait les étreintes caduques de ses membres débiles.

Quoi! ces lèvres si roses et si pures, pâliraient sous des baisers peut-être impuissants.

Quoi! tant de charmes, tant de trésors, seraient pollués dans le lit nuptial par des caresses libertines....

(M. de Latour-du-Pic se disait, — et selon nous il était dans le vrai, — que chez un vieillard l'amour sensuel affectait les formes odieuses d'un libertinage éhonté).

Ne serait-ce point une profanation, — presqu'un inceste !

Et il s'efforçait de refouler dans son cœur la passion toujours plus ardente qui s'attachait à lui et le consumait comme la tunique de Déjanire.

Il rougissait de son fatal amour et souffrait des tourments inouïs.

Il aurait donné ses derniers jours d'existence, — il aurait donné sa part de bonheur dans l'autre vie, — pour être, ne fût-ce que pendant une seule nuit, un jeune homme ardent et robuste.

Et cependant il se jurait plus que jamais d'avoir de la force jusqu'au bout et d'étouffer au fond de son âme le secret de ses tortures.

Mais un jour vint où la lave de la passion débordante fut plus puissante que son courage.

Il sentit qu'un irrésistible délire envahissait sa raison.

Il lui fallait posséder Mathilde, — devenir fou, — ou mourir.

Certes, la mort était pour M. de Latour-du-Pic un asyle qui ne l'effrayait pas, — mais ses convictions religieuses ne lui permettaient point de penser au suicide.

La folie, au contraire, ce naufrage de

l'intelligence qui de l'homme d'élite fait quelque chose d'un peu au-dessous de la brute, l'épouvantait au plus haut point.

Il céda.

§

Que nos lecteurs nous pardonnent si nous retraçons ici une scène qui ressemble, quoique de bien loin, à certaines pages des romans licencieux du dix-huitième siècle.

Nous croyons qu'un grave enseignement se cache sous la peinture d'une passion licite, autorisée par le Code et l'Église, et qui cesse d'être chaste par cela seul qu'elle viole une loi de la nature, loi suprême qui ne permet l'union des sexes que dans des conditions égales de jeunesse et de beauté.

Le mariage, dans certains cas, n'est selon nous qu'une prostitution véritable, et la plus odieuse de toutes, la prostitution légale.

C'était un soir :

M. de Latour-du-Pic ramenait Mathilde de l'Opéra.

Pendant trois heures, — seul avec sa femme dans une loge d'avant-scène, — il s'était enivré d'amour et de désirs en contemplant les épaules nues de Mathilde, — en respirant le doux parfum de ses cheveux blonds, — en voyant tous les regards attachés sur cette étoile de beauté avec une expression non équivoque d'admiration et d'enthousiasme.

Durant le trajet assez long qui séparait l'Académie-Royale de musique de l'hôtel du faubourg Saint-Honoré, M. de Latour-du-Pic, assis à côté de Mathilde, dans un étroit coupé, et soutenant de son bras la taille fine et souple de la jeune femme, sentait le sang affluer à son cœur et bouillonner dans son cerveau, au contact de ce corps si jeune et si parfait...

Le duc et la duchesse descendirent de voiture devant le pérystile de l'hôtel, — tous deux montèrent au premier étage où se trouvait situé leur double appartement, et Mathilde, au moment d'entrer dans le salon qui précédait sa chambre à coucher, tendit, comme de coutume, son front charmant à M. de Latour-du-Pic, en lui disant de sa voix si douce :

— Bonsoir, mon ami, — à demain.

— Permettez-moi de vous accompagner jusque chez vous... — répondit le duc d'une voix tremblante d'émotion.

— Comme vous voudrez, mon ami.... — répliqua la jeune femme avec un commencement de surprise.

C'était la première fois que le duc, à une heure semblable, franchissait le seuil de la chambre à coucher de Mathilde.

Cette dernière cependant n'en conçut point d'alarmes ; car, si invraisemblable que cela puisse paraître, — son ignorance était complète en certaines matières et sa naïveté absolue.

Une femme de chambre à moitié endormie dans un fauteuil, attendait le retour de *Madame*.

— Vous pouvez vous en aller, Justine, — lui dit le duc en entrant.

— Mais, Monsieur.... — murmura la camériste...

— Mais, mon ami... — fit Mathilde à son tour.

— Allez, — répéta M. de Latour-du-Pic, d'un ton qui ne souffrait point de réplique.

— Faudra-t-il revenir ?

— Non, — répliqua le duc.

La femme de chambre, — comprenant à peu près ce dont il s'agissait, tourna sur ses talons et disparut.

—Pourquoi donc renvoyez-vous Justine, mon ami? — s'écria Mathilde, aussitôt qu'elle se trouva seule avec le duc.

—Parce que nous avons à causer, chère Mathilde.

— Il est bien tard, mon ami, ce me semble...

— Peu importe..... mais qu'avez-vous donc, Mathilde, on dirait que ma présence vous effraye...

— Non, certes, mon ami, seulement je ne pourrai venir à bout de me déshabiller toute seule.

— Je vous aiderai, Mathilde..

— Vous, mon ami !

— Sans doute.

— Mais... je n'oserai jamais me déshabiller devant vous...

— Devant votre mari...... pourquoi donc ?... — Tenez, laissez-moi détacher les agraffes de votre robe.

— Mon ami... mon ami... — murmura la jeune femme en s'éloignant confuse et rougissante, — je vous en prie, ne me touchez pas...

— Mathilde, — dit le duc d'une voix suppliante, — voulez-vous donc me priver du bonheur de vous servir une fois en ma vie.

— Non, oh! non, — répondit la pauvre enfant qui se rapprocha de son mari, — faites ce que vous voudrez, mon ami.

M. de Latour-du-Pic était très pâle, — ses lèvres semblaient tremblantes et ses yeux étincelaient.

— Vous êtes aussi bonne que belle, Mathilde, — dit-il.

Et il se mit en devoir de dénouer l'étroit cordon de soie fermant, par derrière, le haut du corsage de la robe.

Mais les épaules étincelantes qui sortaient à moitié nues de la gaze légère éblouissaient ses regards, — un tressaillement nerveux agitait ses mains, — le cordon, au lieu de céder, se nouait de plus en plus sous ses doigts.

— Que faites-vous donc, mon ami ? — demanda la duchesse.

— Je vous admire, — répondit le duc.

Et, tandis qu'il parlait ainsi, ses lèvres avides s'appuyèrent sur le cou de Mathilde, à cet endroit de la nuque où naissaient les magnifiques cheveux blonds qui se tordaient sur la tête de la jeune femme, en nattes opulentes.

— Vous m'avez brûlée ! — s'écria Mathilde.

— Brûlée ! — répéta le duc, — ah ! c'est qu'il y a dans mes veines du feu au lieu de sang !

La jeune femme ne répondit point.

Alors M. de Latour-du-Pic essaya de

nouveau de détacher le haut du corsage, mais n'y pouvant réussir il brisa le lacet et du même coup déchira l'étoffe.

— Ma pauvre robe! — murmura Mathilde avec un soupir enfantin, tout en croisant ses deux bras sur sa gorge divine à moitié découverte et voilée seulement par la dentelle de sa chemise.

Le corset de la jeune femme était très bas, ses formes si pleines et si pures n'ayant pas besoin de soutien.

—Mathilde! Mathilde! — s'écria M. de Latour-du-Pic, dont la rage amoureuse devenait à chaque seconde plus irrésistible,— oh! laisse-moi te voir, t'admirer,— laisse-moi te dire que tu es belle et que je t'aime..... que je t'aime, non plus comme un père ou comme un mari, mais comme un amant, Mathilde, comme un amant qui tombe à tes genoux et te demande un peu d'amour...

Et, joignant le geste aux paroles, — le vieillard, — entraîné par son aveugle passion, se jetait aux pieds de Mathilde épouvantée, puis, se relevant avec la vivacité d'un jeune homme, la prenait dans ses bras, l'étreignait à l'étouffer, couvrant de baisers ses mains, ses lèvres, ses cheveux et son sein.

Mathilde, cependant, tremblante mais n'osant crier, se débattait en murmurant :

—Mon Dieu ! que faites-vous ?... laissez-moi, mon ami, je vous en supplie... je vous en conjure... vous ne m'avez jamais embrassée comme cela... vous me faites peur... vous me faites mal... laissez-moi... laissez-moi...

— Te laisser ! — répondait le duc en redoublant ses caresses, te laisser !... quand je te tiens dans mes bras, — quand je touche au moment que j'aurais payé de mon sang, — quand tu vas être à moi... à moi... enfin à moi... peux-tu le croire ?... peux-tu le demander ?...

La lutte continua.

Les forces de la jeune femme s'épuisaient peu à peu.

Celles de M. de Latour-du-Pic, semblaient croître au contraire de minute en minute.

La pauvre enfant finit par s'abandonner

haletante et vaincue aux bras qui l'enlaçaient.

Ses derniers vêtements étaient en lambeaux, — ses cheveux dénoués flottaient sur ses épaules et sur sa poitrine.

Le duc l'emporta vers le lit.

. . . .

Étrange caprice du hasard ! — déplorable inconséquence du cœur humain !

M. de Latour-du-Pic, seize ans auparavant, avait frémi d'horreur au récit de l'odieux attentat consommé par le vicomte de Simeuse sur Berthe de Chaumont, la mère de Mathilde.

Et lui, plus coupable peut-être, venait en un instant de démentir tout un passé sans tache, en se souillant d'un crime semblable!!

Croyez donc, après cela, à la vertu des hommes!

Un écrivain de l'école sceptique et railleuse! ne manquerait point de terminer le présent chapitre, par la réflexion suivante:

— Il était dans la destinée des filles de la maison de Chaumont d'être violées par leurs maris!

XXI

EXTASE.

Après la violente prise de possession dont nous avons été le trop fidèle historien dans le chapitre précédent, il arriva ce que tout homme de bon sens devait naturellement prévoir.

La passion de M. de Latour-du-Pic pour sa femme, acquit chaque jour une intensité nouvelle, et se compliqua bientôt de tous les tourments de la jalousie.

Ce n'est pas que le duc suspectât la vertu de Mathilde! bien loin de là, il n'admettait pas même la possibilité que la pauvre enfant put commettre une faute, et faillir, même par pensée.

Mais sa jalousie allait plus loin.

Il aurait voulu cacher Mathilde à tous les yeux.

Il lui semblait que ceux qui la regardaient, lui volaient une parcelle de sa beauté.

Il lui semblait que ceux auxquels elle adressait une parole ou un sourire, lui volaient ce sourire et cette parole.

Et cependant il continuait à mener Mathilde dans le monde, aux théâtres, aux promenades, partout enfin; car, redoutant l'immense ridicule qui s'attache aux vieillards follement épris, il aimait mieux souffrir des tortures inouies que d'accepter le rôle d'un *Bartholo* farouche, enfermant sa *Rosine* sous de quadruples grilles et sous de triples verroux.

Quant à la douce Mathilde, résignée à remplir les devoirs d'épouse dont elle avait enfin compris la douloureuse étendue, elle s'efforçait de conserver au duc l'affection et le respect qui s'étaient, malgré elle, effacés dans son cœur d'une façon presque complète, le soir de la triste scène que nous avons racontée.

La situation morale des deux principaux personnages de cet épisode important des *Confessions d'un Bohême* se trouvant ainsi bien posée, rien ne nous empêche plus de continuer notre récit.

§.

Le lendemain de la fête que nous avons décrite, à une heure assez avancée de la matinée, M. de Latour-du-Pic entra dans l'appartement de Mathilde.

Le boudoir dans lequel se trouvait la jeune femme, était une très petite pièce de forme ovale, entièrement tendue en soie d'un bleu pâle.

Un store chinois, venu directement de Pékin et revêtu des plus riches couleurs, s'abaissait contre le vitrage de l'unique fenêtre de ce charmant réduit et tamisait discrètement les rayons du soleil en atténuant leur trop vif éclat.

Des rideaux de tulle d'un blanc neigeux, garnis de magnifiques dentelles, retombaient devant ce store.

La cheminée était garnie de fleurs, humectant dans des vases de Bohême leurs tiges fraîchement coupées.

De grandes jardinières, également remplies de fleurs, se dressaient de tous côtés.

Un vase d'albâtre, suspendu au plafond par une chaîne d'argent, supportait des gerbes fleuries.

Bref, le boudoir que nous décrivons pouvait passer pour une serre en miniature, et Mathilde, au milieu de toutes ces fleurs, — qu'on nous pardonne ce madrigal ! — semblait une fleur de plus.

La jeune femme, — vêtue d'un peignoir de mousseline de l'Inde négligemment noué autour de sa taille charmante par un ruban couleur d'azur, était à demi couchée dans une large causeuse.

Sa main gauche, effilée et mignonne, retombait sans force à son côté.

De la main droite elle appuyait sur ses genoux un livre tout ouvert qu'elle ne lisait point.

Sa pose exprimait un abandon voluptueux plutôt que l'accablement de la fatigue, suite inséparable cependant d'une nuit passée au bal ; — son regard, perdu au plafond, était chargé de langueur et, si nous pouvons ainsi parler, — d'électricité amoureuse.

Elle tressaillit en entendant entrer son mari et laissa tomber le livre qui l'occupait si peu.

Y avait-il donc dans ses pensées secrètes quelque chose de coupable qui put motiver le trouble qui se manifesta dans son attitude à l'arrivée de M. de Latour-du-Pic ?

Voilà ce que nous saurons bientôt.

Le duc était très pâle.

Les rides de son visage semblaient plus profondément creusées que de coutume.

Sa physionomie morne, sa figure sombre et défaite, l'extrême abattement de son regard, attestaient qu'il venait de subir avec lui-même une lutte violente.

Ces symptômes n'étaient point trompeurs.

En effet, le duc, obsédé par une préoccupation terrible, n'avait pas fermé l'œil depuis le moment où le dernier invité de la fête avait quitté l'hôtel, jusqu'à celui où il se présentait devant Mathilde.

La scène de la nuit précédente ne s'était point effacée un seul instant de son esprit frappé.

Il n'ajoutait pas foi à l'indisposition subite par laquelle la jeune femme avait cherché à expliquer son trouble étrange et son cri involontaire.

Il y avait là-dessous quelque chose de mystérieux qu'il ne pouvait comprendre, mais tout était pour lui matière à soupçons jaloux, et c'est pour éclaircir ces soupçons vagues et poignants, qu'il avait pris le parti de venir interroger Mathilde.

Étonnerons-nous beaucoup nos lecteurs en leur disant que le même sujet qui préoccupait si péniblement le vieux mari, était aussi le but unique des réflexions de la jeune femme?

Malgré elle, Mathilde songeait sans cesse à ces prunelles étincelantes qui l'avaient éblouie.

Elle croyait ressentir encore dans son cœur la commotion électrique de ce regard de feu ardemment fixé sur le sien.

Elle songeait...

Sans le vouloir, sans le savoir peut-être, elle s'abandonnait tout entière à des pensées d'amour, — presque de volupté !

Pour la première fois, — depuis qu'elle était femme, — elle sentait ses rêves revêtir une forme palpable.

Il lui semblait qu'un être aux mille aspects, Protée insaisissable et changeant, ange, homme ou démon, mais toujours jeune et beau, passait et repassait devant elle, en murmurant à son oreille des paroles inconnues, qu'elle écoutait, hésitante et charmée.

Aussi son cœur battait plus vite, ses yeux à moitié fermés s'allanguissaient davantage, ses lèvres frémissantes découvraient en s'entr'ouvrant l'émail éblouissant de ses dents...

Puis son rêve se matérialisait de plus en plus.

A travers les grappes embaumées des fleurs qui l'environnaient, elle voyait luire de toutes parts les clartés magnétiques du regard qui la fascinait.

Vainement elle voulait abaisser ses paupières pour échapper à l'entraînement qui s'emparait de son corps et de son âme.

Elle ne pouvait pas.

Bientôt elle ne chercha plus à se débattre contre l'ivresse qui la subjuguait.

Alors il lui sembla qu'un baiser fermait sa bouche et qu'une douce caresse l'enveloppait tout entière.

Son corps prit une attitude plus molle et plus abandonnée.

Une sensation inouïe, une jouissance bizarre et surtout inconnue, agita délicieusement ses fibres, et la jeune femme, presque pâmée, laissa retomber sa tête en arrière, tandis que son regard qui ne voyait plus se perdait au plafond.

C'est en ce moment, — mal choisi s'il en fut, — que M. de Latour-du-Pic entra dans le boudoir.

Mathilde tressaillit, nous le répétons, et son livre glissa de ses genoux sur le tapis.

Du ciel divin de l'extase où elle était plongée, la présence de son mari la précipitait soudainement dans la froide réalité.

— C'est dommage ! — pensa-t-elle...

Et elle soupira.

Un vieux proverbe le dit en deux vers dignes du fameux almanach liégeois dont Mathieu Lænsberg fut jadis le premier éditeur :

> Cœur qui soupire
> N'a pas ce qu'il désire.

Or, nous le demandons à nos charmantes lectrices, — que peut désirer un cœur de seize ans, quand ce cœur bat dans la poitrine d'une ravissante enfant qui vient de faire un rêve d'amour, et qui se retrouve soudainement en présence d'un mari quasi octogénaire ?

XXII

CAUSERIE DE MARI

Le trouble de la jeune femme n'échappa point au regard pénétrant de M. de Latour-du-Pic.

Ses soupçons s'en fortifièrent, mais il sut dissimuler habilement et ne rien laisser paraître de ce qui se passait en lui.

Il prit un fauteuil et s'assit à côté de la

causeuse sur laquelle Mathilde était étendue.

— Bonjour, mon ami, — dit la jeune femme en lui tendant la main, — avez-vous dormi ce matin?... je vous trouve un peu pâle...

— Je suis souffrant en effet, chère Mathilde, mais ce n'est rien... et vous?...

— Oh! moi, je me porte à merveille.... je ne me souviens même plus des fatigues de cette nuit.

— Cependant votre main est brûlante, et je sens battre vos veines comme si vous aviez la fièvre.

— Vous croyez?

— J'en suis sûr, — vous êtes malade...

— Mais non... jamais je ne me suis mieux portée... croyez-moi, je vous en prie...

— Je le désire trop pour ne pas le croire... et pourtant il se passe en vous quelque chose qui n'est pas naturel... vos joues sont pourpres et votre poitrine est haletante...

Mathilde ne put contenir un geste d'impatience.

Le duc vit ce mouvement et n'insista pas.

— Que faisiez-vous quand je suis entré? — demanda-t-il.

— Je lisais, répondit la jeune femme enchantée de voir l'entretien prendre une autre direction.

— C'est peut-être votre lecture qui vous a si vivement émue.

— Peut-être en effet, — dit Mathilde.

Le duc se baissa et ramassa le volume.

— *Les Maximes de Larochefoucault!* — fit-il à voix haute. — C'est la première fois, je l'avoue, que je vois ce grave moraliste, produire un effet semblable.

— Eh! qui vous dit que ce soit lui! et d'ailleurs, de quoi me parlez-vous? — je vous répète, mon ami, que je ne suis point souffrante, et que je me porte à merveille!

— Du moins, vous conviendrez, chère Mathilde, que vous avez mal aux nerfs?...

— Moi?

— Vous-même.

— Mais, pas le moins du monde... pourtant, si vous y tenez, mon ami, je dirai que je suis malade...

— La crainte seule de vous voir souffrir me faisait insister. Je suis heureux de m'être trompé. — Dites-moi, chère Mathilde, avez-vous été contente de votre fête ?

— Enchantée.

— Vous vous êtes amusée ?

— De tout mon cœur.

— Et vous avez beaucoup dansé ?

— Dix-sept contredanses, mon ami ! — s'écria la jeune femme avec un franc sourire, — les souvenirs du bal effaçant momentanément tous les autres.

— Un instant, cette nuit, vous m'avez fait bien peur !

— Comment cela, mon ami ?

— A l'issue des derniers quadrilles, — quand je vous ai vue soudain pâlir et chanceler... c'était un étourdissement, m'avez-vous dit ?...

— Je le crois.

— Vous êtes bien sûre, chère Mathilde, que ce malaise passager n'avait point d'autre cause ?...

— Une autre cause !.. et laquelle ?

— Que sais-je ? — une parole inconvenante de l'un de vos danseurs...

— Une parole inconvenante ! à moi ! vous ne le pensez pas, Monsieur le duc ! ! — répliqua vivement la jeune femme, d'un ton de dignité hautaine qui révélait toute la fierté aristocratique du sang qui coulait dans ses veines.

— Vous avez raison, chère enfant, et l'inquiétude que j'ai ressentie hier me pousse malgré moi à des suppositions insensées, que mon cœur laisse naître et que mon esprit dément, vous me les pardonnez, n'est-ce pas ?

— Je ne le devrais peut-être point — répondit Mathilde, en s'efforçant de sourire ; mais, que voulez-vous, je suis si bonne...

— Oh! oui, bien bonne, car vous comprenez que mon profond amour peut et doit me servir d'excuse... rassurez-vous, d'ailleurs, Mathilde, je ne vous parlerai plus de tout cela... et, cependant...

Le duc s'interrompit.

— Cependant?... — répéta Mathilde.

— Il m'avait semblé...

— Quoi donc?...

— Mais c'était encore sans doute un rêve, une folie...

— Parlez, mon ami, parlez donc! je vous le demande, je vous en prie... — s'écria la jeune femme avec une curiosité pleine de trouble et d'impatience.

— Vous le voulez ?

— Oui, — je le veux !

— Eh bien ! soit, — répondit le duc avec une insouciance affectée, — je vais donc vous dire ce que j'avais cru voir : — un instant avant votre demi évanouissement, vous figuriez dans un quadrille à l'un des angles du salon des glaces, n'est-ce pas ?...

— Sans doute.

— Vous faisiez face, je le crois, à l'un de ces grands vases du Japon, qui sont remplis de roses trémières et posés sur des socles de granit.

— Je le crois aussi, mais où donc en voulez-vous venir ?

— A ceci : il m'avait semblé qu'un homme, caché derrière le piédestal de ce vase gigantesque, écartait tout-à-coup les tiges verdoyantes des roses épanouies, et que c'était au moment où le regard de cet homme tombait d'aplomb sur vous que vous n'aviez pu vous rendre maîtresse de votre émotion et de votre trouble... j'avais cru cela, Mathilde, et je le crois encore, car voici que vous pâlissez de nouveau et que vos yeux se couvrent d'un nuage.....

La jeune femme chancelait en effet sur sa causeuse, la teinte mate de la cire vierge avait envahi son visage, et ses lèvres elles-mêmes étaient décolorées.

M. de Latour-du-Pic, dont les inquiétudes acquéraient à chaque instant une intensité nouvelle, la regardait avec une angoisse pleine de colère et de douleur.

Mais une brusque révolution sembla s'opérer soudain dans l'esprit et dans les sens de Mathilde.

Ses joues devinrent pourpres ainsi que son front, son cou et la naissance de sa gorge.

Elle leva sur M. de Latour-du-Pic ses grands yeux bleus étincelants, et elle lui demanda d'une voix vibrante et avec une énergie qui n'était ni dans son caractère ni dans ses habitudes :

— Est-ce que vous me soupçonnez, Monsieur ?

— Moi ! — s'écria le duc, mis hors de garde par cette question si nettement posée et à laquelle il était bien loin de s'attendre.

— Soyez franc, — continua la jeune femme, — montrez votre pensée tout entière, — laissez de côté des détours indignes de vous, et, si la défiance est entrée dans votre cœur, dites hautement et hardiment que vous me soupçonnez, moi, la duchesse de Latour-du-Pic, moi, votre femme !!!

— Non, Mathilde ! — s'écria le vieillard avec l'accent d'une conviction profonde, — non, Dieu m'est témoin que je ne vous soupçonne pas, que je ne doute point de vous... de vous, la vertu même !... mais un sentiment irraisonné et involontaire m'ob-

sède et me torture, j'ai peur, Mathilde,
j'ai peur!!!

— Peur de quoi?

— De tout! des autres et de moi-même.

— Je ne vous comprends pas!

— Écoutez-moi, Mathilde. — Vous êtes jeune et belle, — si belle que votre radieux éclat fixe tous les regards, fait battre tous les cœurs!!! de muettes adorations vous entourent sans doute, — beaucoup vous aiment, peut-être, car on ne peut, je le sais trop, vous voir sans vous aimer... et moi, moi qui vous possède, que suis-je? hélas! un vieillard dont les cheveux sont blancs, un vieillard dont le cœur seul n'a rien perdu de ses ardeurs du temps passé, — voilà ce qui m'épouvante, Mathilde, voilà ce qui me fait des jours sans repos et des nuits sans sommeil... en vous est toute ma joie, en vous tout mon bonheur, et je frémis à cette pensée terrible qu'un jour, demain peut-être, quelqu'un, un inconnu, viendra vous prendre votre âme et me voler ainsi ma joie et mon bonheur...

— Mon ami... mon ami... — interrompit la duchesse rougissante et les yeux baissés.

— Oh! laissez-moi parler, car je veux tout vous dire, — reprit vivement M. de Latour-du-Pic, — laissez-moi vous demander à genoux d'avoir de la pitié, si ce n'est de l'amour! — Vous êtes une noble et sainte femme, Mathilde, et vous accomplirez dignement la tâche que vous avez acceptée... Ah! je le comprends, pauvre enfant, c'est un fardeau pesant que l'amour d'un vieillard, et vous devez, parfois, me maudire bien amèrement de vous l'avoir imposé... Subissez-le cependant, Mathilde, avec vertu, avec courage ; — n'écoutez ni la voix de votre cœur, ni la voix de vos sens ;... attendez... ayez patience... après moi vous serez libre... et ce sera bientôt, je le sais, je le sens, — mais, moi vivant, n'aimez pas, n'aimez personne ! car celui que vous aimeriez, Mathilde, celui-là, — je vous le jure sur mon âme, — je le tuerais avant de mourir... et... — que Dieu qui m'écoute me pardonne un semblable blasphême, — plutôt que de vous voir à un autre, je vous tuerais aussi, Mathilde...

Le duc, en prononçant les phrases interrompues et incohérentes que nous venons d'écrire, passait, sans transition, du ton de la prière à celui de la menace ; il pleurait et il suppliait, il couvrait de baisers et de larmes les blanches mains de Mathilde, devant laquelle il était tombé à genoux.

Celle-ci l'écoutait avec un calme apparent que démentaient l'agitation fébrile des muscles de son visage, les battements impétueux de son cœur, et sa respiration entrecoupée et haletante.

— Eh bien !—demanda le vieillard d'une voix à peine distincte, — eh bien ! vous ne répondez pas ?

—Je n'ai rien à répondre,—fit lentement Mathilde en lui tendant la main pour le relever, — rien, si ce n'est que je vous plains, car je crois que vous souffrez beaucoup, et que je vous pardonne tout ce que vous venez de me dire, car, en vérité, vous êtes fou ! ! !

— Oui ! — répéta le duc en se frappant le front, — oui, fou, bien fou, de vous aimer ainsi !

Et, sans ajouter une parole, il quitta le boudoir de Mathilde.

— Il me tuerait ! — murmura la jeune femme restée seule, il me tuerait !! — oh ! pourquoi m'a-t-il dit celà ?— Que Dieu me garde de tout danger maintenant, car, si je succombais, cette menace serait mon excuse !

XXIII

LA POLICE DU BARON.

Un mois s'était écoulé depuis la scène que nous avons retracée dans le chapitre précédent.

Le baron de Maubert, assis devant son bureau, dans le cabinet de travail que connaissent déjà nos lecteurs, fumait avec amour une longue pipe turque amplement bourrée de tabac du levant.

Enveloppé dans les plis légers d'une robe de chambre en toile perse, le protecteur de Raphaël semblait complètement dégagé des choses de ce monde.

Il aspirait avec une voluptueuse et méthodique lenteur les bouffées odorantes de la vapeur du latakié, et il suivait d'un œil nonchalant les petits nuages bleuâtres qui, s'échappant de ses lèvres à intervalles égaux, montaient vers le plafond en spirales uniformes.

Jamais sultan blâsé, ou pacha à mille et une queues, savourant les douceurs du *far-niente* oriental, ne parut mieux absorbé par les enivrantes délices du chibouk ou du narguilhé.

Et cependant, nous prenons sur nous

de l'affirmer, M. de Maubert pensait et pensait beaucoup.

On gratta doucement à la porte.

— Entrez, — dit le baron, sans éloigner de ses lèvres le bout d'ambre de son tuyau de jasmin.

Un valet de chambre se présenta.

— M. le comte de Salluces demande si monsieur le baron veut le recevoir ? — dit le domestique.

— Oui, sans doute, — répondit M. de Maubert, — je l'attendais.

— Bonjour, mon cher baron, — fit Salluces en échangeant une poignée de main avec son hôte.

— Y a-t-il du nouveau ! — demanda M. de Maubert.

— Non.

— Vous n'avez donc pas vu Raphaël ?

— Je le quitte.

— Et il ne vous a rien dit ?

— Rien ! impossible de tirer de lui un seul mot.

— Vous êtes un maladroit, mon cher comte, permettez-moi de vous le dire.

— Maladroit tant que vous voudrez ; mais que diable voulez-vous que je fasse ? et comment arracher des paroles à un garçon qui s'obstine à se taire ?

—Comment? comment? — Dam! cela vous regarde! vous me coûtez assez cher, cela soit dit sans reproche, pour que je trouve en vous un auxiliaire utile, et, je vous le demande un peu, à quoi m'avez-vous servi, jusqu'à cette heure, dans l'affaire qui nous occupe?

— Vous êtes injuste, mon cher baron!

— Injuste! je ne crois pas.

— Qui donc, je vous prie, a fait admettre vous et Raphaël chez M. de Latour-du-Pic?

— C'est vous, par l'intermédiaire de votre oncle, je ne dis pas le contraire, mais depuis?

— Eh bien! depuis, j'ai suivi littéralement toutes vos instructions, j'ai développé de mon mieux, dans le cœur et dans la tête de Raphaël, le germe de l'amour que nous lui avons inoculé pour la duchesse Mathilde, et, de cet amour naissant, j'ai fait une passion ardente...

— Soit, — interrompit le baron, — et maintenant que cette passion est en bon train, du moins nous avons tout lieu de le supposer, vous ne savez plus rien. — En vérité il est peu croyable que Raphaël pousse aussi loin la discrétion avec vous, qui êtes son ami, et qui de plus êtes un jeune homme...

— Croyable ou non, cela est exact. — Non-seulement Raphaël ne répond à aucune de mes questions, mais encore, quand je cherche à amener l'entretien sur le sujet qui nous préoccupe si vivement, il rompt les chiens à l'instant même et parle d'autre chose.

— Parce que vous ne savez pas vous y prendre.

— Comme vous voudrez...

— Et la preuve, c'est que moi qui vous parle, je suis admirablement renseigné, jour par jour, heure par heure.

— C'est impossible!!

— En voulez-vous la preuve?

— J'avoue que je serais curieux de savoir....

— De quelle façon ces renseignements m'arrivent, n'est-ce pas?

— Justement.

— Il m'est facile de vous satisfaire. — Voici midi qui sonne, c'est l'heure des révélations.

Le baron se leva, — il ouvrit une petite porte pratiquée dans la tenture sous laquelle elle disparaissait, et qui servait d'issue à un cabinet obscur.

— Entrez, — dit-il au jeune homme, — de là vous pourrez tout entendre.

Puis, aussitôt que la porte se fut refermée sur Salluces, le baron fit résonner un timbre et dit au domestique qui se présenta :

— Y a-t-il quelqu'un pour moi, dans l'antichambre ?

— Oui, Monsieur le baron, il y a trois personnes...

— Qui sont ?

— La petite dame voilée que nous voyons deux fois par semaine, et les deux domestiques de M. le vicomte Raphaël.

— Fort bien, — faites entrer la petite dame.

Au bout d'une minute environ, une jeune femme à l'allure leste et dégagée, vêtue avec une simplicité qui ne manquait pas d'élégance et dont le visage était caché par un voile très épais posé sur un chapeau de paille, arriva dans le cabinet, et fit à M. de Maubert une véritable révérence de soubrette du Théâtre-Français,

— Bonjour, Justine; — bonjour, mon enfant, — lui dit le baron, — asseyez-vous et causons.

La jeune femme que le baron de Maubert appelait Justine, et qui n'était autre, disons-le tout de suite, que la camériste de la duchesse, leva son voile, — sourit, — lissa du bout des doigts les bandeaux de ses cheveux noirs, — prit un siége et s'assit en face du baron.

Un instant de silence se fit entre nos deux personnages.

M. de Maubert le rompit le premier.

— J'attends, — fit-il.

— Moi aussi, répliqua Justine.

— Ah! c'est juste! — s'écria le baron en riant, — j'oubliais.

— Vous n'en avez pas le droit, — répondit la soubrette, du même ton, — vous savez bien que ma mémoire se règle sur la vôtre.

— Cette petite est remplie d'esprit!

— Dam! Monsieur le baron, on me l'a dit souvent.

— Et l'on a bien fait. — Tenez, ma fille, voici votre affaire...

Et, tout en parlant, M. de Maubert mit cinq napoléons dans la main de Justine.

— Fort bien, — reprit cette dernière, après avoir compté la somme, — Maintenant, Monsieur le baron, je suis toute à vos ordres, interrogez, s'il vous plaît.

— A quoi bon, mon enfant? — Vous savez ce que vous avez à me dire.

— Certainement. — D'ailleurs, j'ai là ma petite note.

— Donnez-la moi.

— Voici.

Justine tira de sa gorgerette, ce joli sanctuaire où les femmes cachent leurs secrets, un papier plié en quatre qu'elle tendit au baron.

— Voyons un peu, — fit ce dernier.

— Ah! — dit la soubrette, — c'est exact et détaillé, je vous en donne pour votre argent.

—Bravo !

—C'est que je suis une honnête fille, moi, allez, Monsieur le baron !

— Qui en doute!! — répliqua M. de Maubert en riant et en commençant sa lecture.

Mais il s'arrêta presqu'aussitôt.

—Justine, mon enfant, — dit-il, — je me perds dans vos pattes de mouches, et puis votre ortographe, tout à fait de fantaisie, demanderait une étude approfondie...

— Dam ! j'écris comme je sais...

—Hélas ! c'est de cela que je me plains, — mais il est facile de remédier à ce petit malheur...

— Comment??

— Donnez-moi vous-même communication de ce document précieux.

— Volontiers.

Justine reprit son papier et dit :

— C'est aujourd'hui jeudi.

— Sans doute.

— Je suis venue vous voir dimanche à deux heures. — J'étais de retour à l'hôtel à quatre heures moins un quart. — La série de mes observations commence à quatre heures cinq minutes.

— Voilà ce qui s'appelle ne pas perdre un instant.

— N'est-ce pas? — écoutez donc, Monsieur le baron, je commence.

Et Justine lut ce qui suit :

« *Dimanche, quatre heures cinq minutes.* — Madame me fait appeler... — elle a donné l'ordre de ne recevoir personne et elle m'envoye demander à l'un des valets de pied de service, la liste des visiteurs qui se sont présentés à l'hôtel, pendant la journée.

« Je rapporte à Madame une douzaine de cartes; — elle les regarde avec distraction. — L'une d'elles la fait tressaillir.

« Cette carte est petite avec un écusson dans l'un des angles. — Je la reconnaîtrai.

« *Cinq heures et demie.* — Madame vient

de se mettre à table avec M. le duc. — J'entre dans le salon et j'examine les cartes qui sont restées sur la cheminée.

« La plus petite est celle du *vicomte Raphaël*.

« *Onze heures du soir*. — Madame n'est pas sortie. — Il y a eu entre elle et M. le duc, une discussion assez vive. — J'ai écouté à la porte du boudoir, mais je n'ai rien pu entendre.

« *Minuit*. — Je viens de déshabiller Madame, — elle était fort triste ; — elle ne m'a pas adressé la parole. — Quand je suis sortie, elle a poussé les verroux intérieurs de sa porte et je l'ai entendue sangloter.

« *Lundi*, *midi*. — Voici du nouveau. —

Tout à l'heure, comme je sortais de l'hôtel, un commissionnaire qui avait ma foi très bonne façon et qui attendait, assis sur une borne, m'aborda et me dit :

« — Mamzelle...

« — Quoi ?

« — Voulez-vous gagner ces cinq louis ?

« — Oui, — que faut-il faire ?

« — Prendre cette lettre.

« — Et après ?

« — La mettre dans un endroit où vous serez sûre que votre maîtresse la trouvera.

« — Voilà tout ?

« — Absolument.

« — Mais, cette lettre, de qui vient-elle ?

« — C'est un secret. — Voulez-vous vous charger de la commission, *oui* ou *non* ?

« — Donnez.

« — Voici le billet et l'argent.

« Le commissionnaire fila, et je restai seule avec la lettre qui ne portait pour adresse que ces mots : — *A madame la duchesse.*

« *Lundi, deux heures.* — M. le duc est à la Chambre des Pairs, — je ne risque rien. — Je viens de mettre le billet sur l'écritoire de Madame, dans son boudoir, elle le trouvera dans un instant, car il y a une bougie allumée près de l'écritoire et plusieurs lettres commencées, donc Madame va revenir pour cacheter ces lettres.

« Cependant le cœur me bat.

« *Deux heures et demie.* — Rien encore. — Ah! j'entends marcher dans le boudoir...

« Madame me sonne violemment...

« Je cours. »

XXIV

LA POLICE DU BARON.
(*suite.*)

— Savez-vous bien, Justine, que c'est plein d'intérêt, ce que vous me lisez-là? — interrompit le baron.

— Mais, je m'en doute, — répliqua la soubrette avec un petit sourire d'une fatuité charmante.

— Continuez donc, mon enfant, je suis tout oreilles.

Justine reprit :

« *Trois heures.* — Voici ce qui vient de se passer :

« En arrivant dans le boudoir j'ai vu que Madame était très pâle.

« Elle tenait à la main la lettre en question qui n'avait pas été ouverte.

« — Justine, — me dit-elle vivement, — qu'est-ce que cette lettre ?

« Je pris mon air le plus étonné et je répondis :

« — Je ne sais pas.

« — Quoi! ce n'est pas vous qui avez placé ce billet sur mon écritoire ?

« — Non, Madame.

« — Vous n'êtes point entrée dans cette pièce ?

« — Non, Madame.

« — C'est étrange!... mais, qui donc... alors...

« — Si Madame veut, je vais aller m'informer.....

« Et je fis un pas pour sortir.

« Je savais bien que Madame m'arrêterait.

« Elle m'arrêta en effet, en me disant :

« — C'est inutile, — restez.

« J'attendis, — très immobile et fort intriguée.

« Madame, sans briser le cachet de la lettre, l'approcha de la bougie allumée.

« Le feu prit à l'un des angles, mais Madame l'éteignit presqu'aussitôt, puis, s'apercevant que j'étais toujours là, elle se tourna vers moi et me dit avec une certaine impatience :

— « Allez, Justine, allez, je n'ai plus besoin de vous.

« Je sortis, mais c'est égal, je suis sûre qu'elle a lu la lettre... »

— Moi aussi, j'en suis sûr, — interrompit le baron ; — mais, attendez un instant, mon enfant, et j'en serai plus sûr encore.

Et, tout en disant ces mots, M. de Maubert ouvrit l'un des tiroirs de son bureau.

Il en tira deux ou trois enveloppes à son adresse, et, choisissant l'une d'elles, il la présenta à Justine.

— Connaissez-vous cette écriture? — lui demanda-t-il.

— Certainement.

— Où l'avez-vous déjà vue?

— Sur l'adresse de la lettre dont je vous parlais tout à l'heure.

— A merveille. — Tenez, ma jolie fille, voici un louis de plus pour vous.

— Merci, monsieur le baron.

— Maintenant, reprenez vos notes.

Justine continua :

« *Mardi, dix heures du matin.* — Je viens d'habiller Madame. — Bien certainement elle n'a pas fermé l'œil de la nuit, car ses paupières sont rougies et gonflées, — ses joues sont pâles, — ses traits fatigués, et un abattement extrême se remarque en toute sa personne.

« *Deux heures.* — J'étais dans l'antichambre, il n'y a qu'un instant, — M. le duc venait de partir pour la Chambre des Pairs quand M. le vicomte Raphaël est arrivé. — Madame n'avait pas fait défendre sa porte. — On a annoncé M. le vicomte.

« *Trois heures*. — Je me suis glissée dans le jardin et j'ai regardé par la fenêtre du boudoir. — Les rideaux étaient fermés, cependant j'ai aperçu M. le vicomte agenouillé et tenant une des mains de Madame. — Il couvrait cette main de baisers, quoique Madame fît mine de la lui retirer.

« *Quatre heures*. — M. le vicomte vient enfin de partir après une visite de plus de deux heures.

« Voici M. le duc qui rentre. — Pauvre homme !!

Minuit et demie. — Madame arrive de l'Opéra. — Je viens de la déshabiller. — Elle a l'air tout à la fois préoccupée et joyeuse. — Son regard étincelle et sa gorge bat violemment...

« Quelle gorge ! — Ah ! si j'étais homme, je donnerais ma vie pour la voir, et mon âme pour la baiser ! ! »

— Tudieu ! Justine, — interrompit le baron, — quel feu !

— Que voulez-vous, Monsieur le baron, — répliqua la soubrette, c'est plus fort que moi, — j'ai vu les statues du Musée, qui passent cependant pour être des déesses assez bien faites, et je vous déclare qu'elles ne sont pas seulement dignes de lacer les brodequins de madame la duchesse.

— Par ma foi, Raphaël est un heureux coquin... ou du moins le sera... continuez, petite.

Justine reprit sa lecture.

« *Mercredi, deux heures.* — M. le vicomte

est arrivé comme hier, juste au moment où M. le duc venait de sortir.

« *Trois heures.* — Madame vient de me sonner. — M. le vicomte était encore là ; mais assis fort loin de Madame et dans l'attitude la plus respectueuse.

« Madame voulait me donner des ordres, relativement à la toilette qu'elle portera samedi prochain à la grande course de chevaux, qui doit avoir lieu dans la plaine de Satory.

« Elle a demandé à M. le vicomte s'il y assisterait et s'il comptait disputer le prix.

« M. le vicomte a répondu affirmativement à ces deux questions. »

— Ah ! ah ! — s'écria le baron, en écrivant quelques mots sur son portefeuille, — voilà qui est bon à savoir.

— Ce que je viens de vous dire se passait hier à trois heures ou à peu près, — depuis ce moment je n'ai rien vu, ni rien appris.

— Fort bien, ma fille, je suis on ne peut plus content, continuez ainsi, et vous mériterez tout ce que je veux faire pour vous.

— J'espère, dimanche prochain, avoir du neuf à vous apprendre.

— Je l'espère aussi.

— Et maintenant, je m'en vais, car je craindrais qu'une trop longue absence ne fut remarquée.

— Allez, ma fille, mais d'abord répondez à deux questions que je veux vous adresser.

— Lesquelles?

— Quand Madame la duchesse écrit, avec quelle cire ferme-t-elle ses lettres?

— Avec de la cire blanche.

— Toujours?

— Oui, toujours, — elle n'en a pas d'autre.

— Et cachette-t-elle toutes ses lettres de la même façon?

— Non, — elle a deux cachets, — l'un qui porte l'empreinte des armoiries de M. le duc et des siennes, — l'autre, — celui dont elle faisait usage au couvent, — et qui représente une colombe tenant dans son bec une petite branche d'un arbuste quelconque.

Le baron prit une nouvelle note, puis il ajouta :

— Maintenant, ma fille, vous pouvez partir, je ne vous retiens pas.

— A dimanche, Monsieur le baron.

— A dimanche...

Justine fit une révérence et sortit.

M. de Maubert frappa sur un timbre.

— Faites entrer le domestique de M. le vicomte, dit-il au valet de pied qui vint prendre de nouveaux ordres.

Tom Kittledrige, — ainsi se nommait le

groom de Raphaël, — ne tarda point à faire son apparition.

Cet insulaire était un garçon de vingt-quatre ou vingt-cinq ans, petit, maigre, anguleux, rouge de poil et blême de visage.

Il portait une haute cravatte blanche,— une veste ronde de forme anglaise descendait jusqu'au bas de ses reins, et de longues guêtres de drap fauve serraient ses jambes grêles et rejoignaient sa culotte de peau.

Tom Kittledrige entra en se dandinant et en faisant rouler entre ses doigts sa casquette galonnée.

Sur un signe de M. de Maubert, il s'arrêta au milieu du cabinet, et se tint droit et immobile dans l'attitude du soldat sans armes.

— Dites-moi, Tom, mon garçon, votre maître a toujours ses trois chevaux, n'est-ce pas? — demanda le baron.

— Oui, Monsieur, — *Sidi Pacha*, — *Miss Arabelle* et *Othello*.

— Ils sont en état?

— C'est moi qui les soigne! — répliqua le groom avec un sentiment d'orgueilleuse fierté.

— Fort bien. — Quel est celui que M. le vicomte monte habituellement.

— *Sidi Pacha*. — Je l'accompagne sur *Othello*. — *Miss Arabelle* est une fine trotteuse, mais elle ne va qu'au cabriolet.

— L'un des chevaux de M. le vicomte vous paraît-il susceptible de figurer dans une course ?

— Ah ! Monsieur, je le crois bien ! —avec *Sidi Pacha*, je défierais n'importe qui ! — J'ai connu à Empson et à Newmarquet, de fameux coureurs qui ne le valaient pas.

— *Othello* ne pourrait donc pas soutenir la comparaison ?

— *Othello* ne va point seulement au jarret de *Sidi Pacha !* — Le pauvre animal, (fameuse bête cependant), serait distancé au premier tour.

— Vous savez qu'il y a une course samedi, dans la plaine de Satory ?

— Oui, Monsieur.

— Et savez-vous si M. le vicomte se pro-propose de disputer le prix?

— Je le suppose.

— Pourquoi cela?

— Parce que M. le vicomte m'a donné l'ordre, hier, de monter *Sidi Pacha* pendant deux heures aujourd'hui, et pendant trois heures demain, afin de le tenir en haleine.

— Vous vous souvenez, Tom, que c'est moi qui vous ai fait entrer au service de M. le vicomte?

— Certainement, et j'en remercie bien Monsieur le baron, car c'est une fameuse place.

— Vous vous souvenez aussi que je vous

ai promis un fort joli supplément de gages, à la condition que vous me rendriez compte de tout ce qui se passera chez votre maître, et que vous obéirez à mes ordres comme aux siens ?

— Oui, Monsieur.

— Eh bien ! Tom, le moment est venu de me prouver votre zèle.

— J'attends les ordres de Monsieur le baron.

— Vous monterez demain *Sidi Pacha,* et vous aurez soin, pendant la promenade, qu'il s'emporte, qu'il tombe et qu'il se couronne.

— Couronner *Sidi Pacha* !!! — s'écria Tom en faisant un bond de surprise et d'effroi.

— Il le faut.

— Je n'en aurai jamais le courage !

— Alors, dans vingt-quatre heures je vous fais congédier.

— Mais Monsieur le baron, si je vous obéis, M. le vicomte me mettra très certainement à la porte.

— Je vous prendrai à mon service.

— Alors ce sera fait, Monsieur le baron, quoique je puisse bien dire que ça me fende le cœur, de couronner un si bel animal.

— Tenez, voici pour vous consoler, mon ami.

Et le baron mit quelqu'argent dans la

main de Tom Kittledrige qui s'en alla sa casquette à la main, et, comme le masque du Théâtre-Antique, pleurant d'un œil et souriant de l'autre.

Il ne restait plus à introduire que le deuxième domestique de Raphaël, Acajou, ce nègre de Nubie que nos lecteurs connaissent déjà.

Acajou ne se fit point attendre.

Entre le baron et lui l'entretien fut court.

— Mon ami, — lui dit M. de Maubert, — toutes les lettres qui arrivent à votre maître, passent par vos mains.

— Oui, Monsieur, car c'est moi qui vais les prendre dans la loge du concierge, — répondit le nègre.

— A merveille. — Eh bien ! mon ami, souvenez-vous, à l'avenir, d'examiner avec le plus grand soin l'enveloppe des lettres que vous aurez à remettre à M. le vicomte. — Le jour où il y en aura une, cachetée avec de la cire blanche et portant l'empreinte d'un petit oiseau tenant une branche dans son bec, venez me le dire aussitôt et il y aura deux louis pour vous.

— Oui, Monsieur le baron, — répondit Acajou, tellement transporté de joie par cette promesse que ses jambes ébauchaient à son insu les figures de sa *chika* favorite.

§

Le baron, resté seul, alla délivrer le

comte de Salluces, lequel commençait à
étouffer, faute d'air, dans l'étroit réduit
qui lui servait de prison.

— Eh bien? — demanda M. de Maubert,
— vous avez entendu?

— Oui, mais je n'ai pas compris.

— Quoi donc?

— Votre but et vos moyens d'action. —
Ainsi, par exemple, à quoi bon faire estro-
pier les chevaux de Raphaël? — Si c'est
pour empêcher le vicomte d'aller à cette
course, vous aviez dix moyens plus simples
et moins cruels...

— En effet, — répliqua le baron, — vous
ne me comprenez pas; mais quand vous
aurez vu que cela même qui vous semble

une futilité barbare doit avoir pour résultat de mettre Raphaël dans ma dépendance, — entièrement, — absolument, — corps et âme, — enfin comme vous y êtes vous-même, monsieur le comte de Salluces, — vous me comprendrez alors, et vous m'admirerez !!

XXV

SIDI-PACHA.

Le lendemain, vers les quatre heures de l'après-midi, Raphaël rentrait chez lui, le front orgueilleux, l'œil fier et souriant, le cœur gonflé de joie et d'amour.

Il sortait de chez la duchesse.

Pendant une heure, seul avec Mathilde, il avait murmuré aux oreilles de la jeune femme ces paroles si douces et si harmonieuses qui s'échappent d'un cœur bien épris.

Pendant une heure il avait vécu dans cette atmosphère qu'embaumait la présence de Mathilde, — il avait respiré son haleine fraîche et pure et les parfums de ses beaux cheveux.

Il avait osé, lui, le Bohême fils du hasard, — lui, l'enfant sans famille, — l'aventurier, — le bandit d'autrefois, — il avait osé parler d'amour à cette duchesse si belle, si noble et si fière.

Et la duchesse, au lieu de faire jeter à la porte l'insolent par ses laquais, avait écouté sans colère, — le front penché, —

les joues rougissantes, — le regard chargé de langueur.....

— Aujourd'hui elle avait écouté.

Demain elle répondrait peut-être.

Aussi Raphaël était-il enivré par cette réalité si belle, mais si invraisemblable qu'il la prenait presque pour un rêve.

Dans la cour de la maison qu'il habitait, plusieurs groupes étaient formés.

A son aspect, les individus qui composaient ces groupes se mirent à chuchotter vivement.

Raphaël s'approcha.

Il entendit une voix plaintive qui murmurait en sanglottant :

— Mon Dieu, mon Dieu, quel malheur! M. le vicomte ne me le pardonnera jamais !!!

— Qu'est-ce donc ? — demanda le jeune homme.

Le cercle s'entr'ouvrit et Raphaël aperçut tom Kittledrige, debout à côté de *Sidi-Pacha*.

Le groom avait perdu sa casquette, — un mouchoir blanc tout taché de sang serrait étroitement son front, — l'une de ses guêtres était en lambeaux, et de larges plaques de poussière souillaient sa veste déchirée.

Raphael fit deux pas en avant et demanda :

— Qu'y a-t-il donc?

Tom Kittledrige ne répondit point.

— Qu'y a-t-il? — dit Raphael pour la seconde fois.

Le Jockei s'efforça de donner une expression désolée à sa blême figure britannique, et d'amener quelques larmes dans ses yeux de fayence.

— Sidi-Pacha… — murmura-t-il d'une voix indistincte et inarticulée.

— Eh bien??

— Sidi-Pacha… — répéta-t-il en feignant de ne pouvoir articuler une parole de plus.

Raphaël, ne comprenant rien à ces muets

témoignages de douleur, reporta toute son attention vers son cheval.

Le noble animal, couvert de sueur et d'écume, tremblait de tous ses membres, et ses jambes, ployant sous lui, semblaient ne le porter qu'avec peine.

— Il est arrivé malheur à Sidi-Pacha!! — s'écria Raphaël en courant à sa monture favorite.

— Hélas !!! — articula l'Anglais.

Et certes, il n'y avait que trop lieu de dire : *hélas!* car les deux genoux du petit-fils de la jument de Mahomet étaient tout meurtris, sanglants, et profondément entamés par une horrible chute.

— Couronné! — s'écria le vicomte avec

une colère terrible, — il a couronné Sidi-
Pacha ! — oh ! misérable ! misérable !!

Et il revint à tom Kittledrige, la fureur
peinte dans les yeux, la canne haute et
prête à frapper.

Le jockei courba la tête en indiquant du
geste ses vêtements en lambeaux et les
taches rouges de son front.

Ce geste était éloquent, — ce geste voulait dire :

— Moi aussi j'ai souffert !

Raphaël eut honte de son emportement.

Au lieu de laisser retomber sa canne sur
les épaules de l'Anglais, il la brisa en la

heurtant violemment contre les pavés de la cour et il dit :

— Tom Kittledrige, vous n'êtes plus à mon service, — faites-vous payer par Acajou ce qui vous est dû de vos gages, plus une quinzaine dont je vous fais présent et arrangez-vous de manière à ce que je ne vous revoie jamais.

Ensuite il se rapprocha de Sidi-Pacha, dont il embrassa à deux reprises les naseaux frémissants ; puis, ne pouvant contenir ses larmes, il traversa rapidement le groupe de palfreniers et d'oisifs qui s'était reformé autour de lui et gagna son appartement.

Le comte de Salluces l'attendait.

— Qu'avez-vous donc ? — lui demanda

ce dernier en voyant la figure sombre et les paupières rougies du vicomte.

— Ne savez-vous point ce qui vient d'arriver à mon cheval ? — répliqua Raphaël.

— J'étais dans la cour de votre maison quand on l'a ramené.

— Alors vous comprenez mon chagrin ?

— Oui et non. — Toute perte qui peut se réparer avec de l'argent ne me semble pas d'une excessive gravité. — Sidi-Pacha était un excellent cheval, cependant vous en trouverez sans peine un autre qui le vaudra bien.

— Peut-être ; mais j'aimais Sidi-Pacha, voyez-vous, — il me connaissait, — il m'accueillait par un hennissement joyeux quand j'allais le voir à l'écurie, — il était enfin, pour moi, — ne riez pas de ce que je vais vous dire, — il était presqu'un ami... et puis, ce n'est pas tout...

— Qu'y a-t-il encore ?

— Vous avez entendu parler des courses d'après-demain ?

— Sans doute.

— Je comptais y assister...

— Qui vous en empêche ?

— Rien, mais je comptais de plus y jouer un rôle actif, — et le plus puissant de tous les intérêts, un intérêt de cœur, me faisait désirer ardemment de sortir vainqueur de la lutte...

— Il me semble que ce projet peut encore se réaliser.

— Comment cela ? Songez donc qu'il ne me reste qu'un seul jour ! Où trouver en si peu de temps un cheval qui réunisse toutes les qualités de ce pauvre Sidi-Pacha, et si ce cheval existe dans Paris, où faut-il le chercher ?

— J'ai entendu parler, la semaine dernière, d'une jument anglaise dont on disait merveille, — articula M. de Salluces.

— Ah ! — fit Raphaël.

— Ma foi oui ! — On affirmait que cette jument avait, l'an passé, gagné deux ou trois prix à Empson et à New-Market...

— Et, — demanda Raphaël, — elle est à vendre, cette jument ?

— Sans aucun doute, puisqu'elle a été ramenée d'Angleterre par un marchand de chevaux...

— Qui s'appelle ??

— Je ne saurais trop vous dire... un nom israëlite, voilà tout ce que je sais. — Ce nom a été prononcé devant moi, mais je l'ai oublié ; cependant il me sera facile d'avoir des renseignements précis par lord Archibald Sidney, qui paraissait connaître beaucoup le cheval et le maquignon.

— Oh ! mon ami, — s'écria Raphaël, — je vous en prie, ne perdons pas un instant, venez avec moi, — allons ensemble chez lord Archibald, et fassé le ciel que la jument dont vous me parlez ne soit pas encore vendue !...

— Allons, — répondit M. de Sallüces.

Les deux jeunes gens s'apprêtaient à sortir; quand Acajou vint prévenir Raphaël que quelqu'un demandait à lui parler.

— Qui ? — demanda le vicomte.

— Un monsieur que je ne connais pas..

— Allez prier ce monsieur de vous remettre sa carte ; — je suis pressé et je ne puis recevoir.

Acajou revint au bout d'un instant.

Raphaël prit la carte qu'il lui présentait

et lut tout haut : — *Salomon Caïn, marchand de chevaux.*

— Pardieu ! — s'écria Salluces, — voilà qui est miraculeux ! Ce nom de *Salomon Caïn* est justement celui dont je ne pouvais me souvenir, et c'est à cet industriel qu'appartient la jument en question.

— Faites entrer, — dit Raphaël transporté de joie.

Le marchand de chevaux, qui se présenta avec force salutations et courbettes, était un petit homme gros et lourd, dont la tête, assez semblable à un potiron, était illustrée d'un nez en pied de marmite, d'une large bouche pourvue de dents blanches et pointues, et de trois verrues ornées de longs poils, le tout couronné par une chevelure épaisse et crépue.

Il portait, malgré la chaleur, une longue et épaisse redingotte en castorine verte, et sa main droite, fort peu gantée, brandissait une énorme cravache.

— C'est vous qui êtes monsieur Salomon Caïn? — demanda Raphaël.

— Oui, monsieur le vicomte.

— Et vous venez?...

— Pour vous proposer une affaire.

— Laquelle?

— J'ai appris aux Champs-Elysées, — il y a une heure de cela, — l'accident arrivé à votre cheval Sidi-Pacha. — Fameuse bête, sur mon honneur! et je viens vous offrir le seul coureur de Paris qui puisse réparer la perte que vous avez faite.

— Ah! ah!

— Oui, monsieur le vicomte, — *miss Ophélie*, — fille de *Japhet* et de *mistress Love* et descendant en ligne directe d'*Arabian Godolphin*, ainsi que le prouvent ses parchemins bien en règle, — six ans, — baie brune, et trois fois victorieuse à Empson et à New-Market. — Je ne doute pas que *miss Ophélie* ne convienne à monsieur le vicomte; seulement j'aurai l'honneur de lui faire observer qu'il est indispensable de se décider sur-le-champ, car je suis en pourparlers avec plusieurs personnes, entr'autres avec lord Archibald Sidney et avec le marquis de Villiers, qui désirent tous deux acquérir ma jument pour les courses d'après-demain.

— Mais, — demanda Raphaël, — puisqu'on vous fait des propositions, sans doute avantageuses, comment se fait-il que vous veniez me proposer miss Ophélie ?

— C'est bien simple, — répondit le juif d'un air obséquieux, — j'aime par-dessus tout à voir mes chevaux passer en bonnes mains, et monsieur le vicomte est certainement le plus charmant cavalier que je connaisse !!

La flatterie a toujours son prix, — voire même la flatterie intéressée d'un maquignon.

Raphaël sourit et répliqua :

— Allons voir miss Ophélie.

XXVI

MISS OPHÉLIE.

Les écuries de Salomon étaient situées aux Champs-Elysées ; on y fut arrivé en un instant, grâce à la petite voiture du juif entraînée avec la rapidité de l'éclair par un excellent trotteur.

A peine Raphaël et Salluces avaient-

mis pied à terre que le maquignon cria à l'un de ses palefreniers :

— Sortez miss Ophélie, et vite !

— On y va, — répondit le garçon d'écurie.

Alors Salomon se tournant vers les deux jeunes gens, ajouta avec un accent d'orgueil et de triomphe :

— Vous allez voir, messieurs, vous allez voir !

En ce moment Ophélie, obéissant avec une douceur d'agneau au léger bridon qui la contenait, posait sur le pavé de la cour ses sabots élégants.

Le vicomte et M. de Salluces ne purent réprimer un cri d'admiration.

— Eh bien ! qu'en dites-vous ? — fit Salomon, avec un gros rire, en se frottant les mains.

Miss Ophélie était de taille moyenne, et, pour la décrire d'une façon convenable, il nous faudrait au lieu de notre plume le pinceau d'Alfred de Dreux, tant se trouvaient réunies en elle toutes les perfections et toutes les beautés.

Son encolure, longue et souple, soutenait une petite tête sèche et nerveuse, à laquelle des oreilles excessivement mobiles et de grands yeux doux et vifs, donnaient une expression intelligente et spirituelle.

Son poitrail était large et vigoureusement musclé ; — Ses membres fins, sans être grêles et ses jarrets larges et nerveux; offraient des indices non trompeurs d'une prodigieuse vitesse.

Son poil, doux comme de la soie et brillant comme du vernis, laissait entrevoir, sous la peau mince et transparente, le mouvant réseau des fibres et des veines.

La crinière et la queue de miss Ophélie étaient d'un noir de corbeau, et longues et soyeuses comme une chevelure de femme.

Le palefrenier arrêta la jument en face de Salluces et de Raphaël.

— Hop! — murmura Salomon, en accompagnant ce monosyllabe d'un léger clapotement des lèvres.

Aussitôt miss Ophélie releva la tête, —

arrondit sa souple encolure et se mit à fouiller le sol du bout de son sabot avec une grâce inimitable.

— Eh bien! — répéta le juif, — qu'en dites-vous?

— Je dis que c'est une charmante bête, — répondit Raphaël; — mais, avant de rien conclure, il faudrait l'essayer.

— C'est facile, Monsieur le vicomte, — dit le maquignon qui ajouta en s'adressant au palfrenier :

— Sellez *miss Ophélie, Tristan le Borgne* et *Favorite*.

Cinq minutes après, nos trois personnages galoppaient sur la route du bois de Boulogne.

§

Le résultat de l'épreuve fut complètement satisfaisant.

Un quart d'heure de promenade suffit pour démontrer à Raphaël que la monture qu'il avait entre les jambes pouvait lutter sans désavantage avec les premiers coureurs de Paris, et même que, habilement conduite, elle devait remporter le prix.

Le résultat naturel de cette conviction, fut, on le devine, un désir immodéré de devenir propriétaire de miss Ophélie.

Aussi, lorsqu'en mettant pied à terre Salomon lui demanda :

— A quoi se décide Monsieur le vicomte ?

Raphael répondit :

— Je crois que nous pourrons nous entendre... si vous êtes raisonnable.

— Raisonnable !... je me pique de l'être toujours.

— Enfin, quelles sont vos conditions ?

— Elles sont bien simples. — Je demanderai à Monsieur le vicomte le prix qui m'est offert par lord Archibald Sidney et par le comte de Villiers, — pas un sou de plus, pas un sou de moins.

— Et ce prix, quel est-il ?

— Cinq mille francs.

— Diable !!!

— C'est pour rien. — Si je pouvais attendre je trouverais facilement huit mille francs de ma jument. — D'ailleurs, comme j'ai l'honneur de le répéter à Monsieur le vicomte, c'est à prendre ou à laisser. — Je donne la préférence à Monsieur le vicomte, parce qu'il est bon écuyer et beau cavalier, et que miss Ophélie lui ferait honneur, comme il ferait honneur à miss Ophélie ; mais je vous le répète, j'ai deux acquéreurs tout prêts.

— Allons ! va pour les cinq mille francs. — Quel terme m'accorderez-vous pour les payer?

— Je voudrais pouvoir accorder à Monsieur le vicomte tout le temps qui lui serait agréable, — grâce à Dieu, ce n'est pas la confiance qui me manque, et d'ailleurs, Monsieur le vicomte est connu, — répliqua le juif en roulant sa cravache entre ses doigts, — malheureusement les temps sont durs, les affaires marchent peu, je suis pour le quart d'heure extrêmement gêné et je me verrai forcé de demander de l'argent comptant à Monsieur le vicomte.

— Vous me donnerez bien cependant deux ou trois jours?

— Hélas! Monsieur le vicomte, ce serait mon plus cher désir, mais j'ai un paiement à faire demain soir, et je compte sur la vente de miss Ophélie, pour parfaire la somme qui me manque.

— Ainsi il vous faudrait les cinq mille francs demain matin?

— Juste !

— Savez-vous que vous me mettez le couteau sur la gorge, d'une terrible manière ?

— Je suis véritablement désespéré de ne pouvoir agir autrement, mais nécessité n'a pas de loi, comme dit le proverbe, et lord Archibald Sidney, aussi bien que le marquis de Villiers, offrent de payer contre livraison. — Si donc dans cinq minutes je lui envoie miss Ophélie, dans un quart d'heure j'aurai la somme.

Raphaël prit M. de Salluces à part.

— Mon ami, — lui dit-il, — c'est à peine si j'ai mille francs chez moi, pouvez-vous venir à mon aide ?

— Moi ! — répondit Salluces en riant, —

je suis plus pauvre que le bonhomme Job, de lamentable mémoire, et je comptais, ce soir même, vous emprunter cinquante louis!

— Comment donc faire?

— C'est bien simple. — Terminez avec le maquignon, — signez un acte de vente et allez trouver le baron de Maubert, dont la bourse vous est toujours ouverte.

— Vous avez pardieu raison, — s'écria Raphaël.

Et il reprit en s'adressant à Salomon :

— Marché conclu. — Miss Ophélie est à moi.

Les deux parties étant d'accord, tout fut terminé en un instant et Salomon s'engagea à livrer la jument le lendemain matin au vicomte, en échange d'une somme de cinq mille francs en espèces, que Raphaël, de son côté, s'engageait à payer.

Le vicomte et M. de Salluces montèrent ensuite dans un cabriolet de louage qu'ils arrêtèrent au passage, et regagnèrent le boulevard de Gand.

Chemin faisant et tandis que Salluces lui parlait de choses indifférentes, Raphaël se répétait à lui-même avec une joie immense :

— *Miss Ophélie* vaut mieux encore que *sidi Pacha!* — Dieu aidant, je serai vainqueur... et vainqueur devant ELLE!!.

§

Les deux jeunes gens dînèrent ensemble à un restaurant qui n'existe plus aujourd'hui, et qui faisait l'angle du boulevard et de la rue Montmartre.

Ensuite ils se dirigèrent du côté de la rue Meslay.

— Pourvu que le baron soit chez lui, — disait de temps en temps Raphaël à son compagnon.

Et M. de Salluces répondait :

— Peu importe qu'il y soit maintenant, car à coup sûr il rentrera ce soir, et s'il est sorti, nous irons voir, pour tuer le temps, quelque bon gros mélodrame à la Porte Saint-Martin ou à l'Ambigu.

Ils atteignirent ainsi la maison qu'habitait M. de Maubert.

Un des valets de pied causait devant la porte avec le concierge.

— M. le baron est absent, — leur dit ce valet.

— Pour combien de temps ? — demanda Raphaël.

— Pour deux jours.

— Ah ! grand Dieu !!!... — s'écria le vicomte.

— Mais, — ajouta le domestique, — il a laissé une lettre pour Monsieur le vicomte, avec ordre de la faire parvenir ce soir-même. — J'allais me mettre en chemin pour la porter.

— Donnez vite !

— Cette lettre est en haut. — Monsieur le vicomte veut-il se donner la peine de monter avec moi, ou veut-il que j'aille la lui chercher ?

— Nous vous suivons.

A peine arrivé dans l'antichambre, Raphaël brisa précipitamment le cachet de la lettre que lui présentait le domestique.

Une vive impression de joie remplaça tout aussitôt l'air de contrariété qui s'était empreint sur son visage.

La lettre de M. de Maubert contenait ces quelques lignes :

« Mon cher enfant,

« Une affaire urgente et imprévue me

force à m'éloigner de Paris pour deux jours.

« Je sais que tu comptes assister à la course d'après-demain, et comme, peut-être, tu te laisseras entraîner à quelques paris inconsidérés, il te faut de l'argent.

« Tu trouveras sous ce même pli un *bon* à vue de cinq mille francs, payable chez mon banquier.

« Tu peux aller toucher ce *bon* demain matin.

« A bientôt, mon cher enfant.

« Ton meilleur ami,

« Le baron de Maubert. »

— Excellent homme!! — s'écria Raphaël attendri des procédés du baron.

Et il fouilla de nouveau dans l'enveloppe pour en retirer le *bon* précieux qui arrivait si fort à propos.

Oh ! déception !

Etrange et funeste oubli de M. de Maubert ! — Dans l'enveloppe il n'y avait rien !

Raphaël pâlit.

— Qu'est-ce que cela veut dire ? — demanda-t-il au comte de Salluces.

— Ma foi, je m'y perds !! — répondit ce dernier ; — cependant voici la seule explication qui me semble plausible : le baron, préoccupé et distrait par les affaires, fort graves peut-être, qui nécessitaient son déplacement, aura mis dans sa poche, au lieu de le mettre dans sa lettre, le papier dont il vous parle. — Sans doute, à l'heure qu'il est, il se sera déjà aperçu de son erreur. — Malheureusement, il était trop tard !!

— C'est cela, c'est bien cela! et je m'explique tout maintenant, — murmura Raphaël. — Mais comment faire? comment faire? — Que dire à ce marchand de chevaux à qui j'ai donné ma parole et qui compte sur son argent que je ne pourrai pas payer? — Ah! le guignon me poursuit d'une étrange manière !!!

— Ecoutez, mon ami, — fit M. de Salluces, — j'entrevois une ressource...

— Pour me procurer la somme qui me manque?

— Oui.

— Une ressource sûre ?

— A peu près.

— Parlez, mon ami, parlez vite !!

— Cela vous coûtera cher, peut-être ; mais peu vous importe, n'est-ce pas ?

— Parbleu !

— Je connais un digne escompteur, — et, tenez, c'est justement le baron qui me l'a indiqué le jour de ce fameux déjeûner que vous nous avez donné chez vous. — Ce brave homme, qui répond au nom de Van Gripp, prendra votre signature ; j'en suis convaincu, moyennant un intérêt... malhonnête. — J'ai fait quelques affaires avec lui et je n'ai eu qu'à m'en louer.

— Excellente idée! — Où demeure-t-il ce Van Gripp?

— Tout près d'ici, sur le boulevard, en face le théâtre de la Porte Saint-Martin.

— Le trouverons-nous à cette heure?

— Je l'espère.

— Eh bien, allons chez lui tout de suite, et, s'il ne me demande que deux cents pour cent d'intérêt, je jurerai qu'il est honnête homme, et je le bénirai!!

XXVII

LA SIGNATURE.

A l'époque où se passent les évènements du long drame que nous racontons, les façades élégantes et coquettes qui garnissent dans presque toute sa longueur le boulevard Saint-Martin n'existaient point encore.

A leur place s'élevaient de hautes et

sombres maisons aussi noires que les cariatides du théâtre auquel elles faisaient face, — mal tenues et mal habitées pour la plupart.

Tout Paris connaît le *Banquet d'Anacréon*, ce restaurant antique, — rival heureux du *Cadran Bleu* disparu, — estimable guinguette, bien chère aux jeunes actrices des petits théâtres ingénuités touchantes ou coquettes égrillardes qui viennent y savourer, après le spectacle, dans de doux tête-à-tête, le *Chablis première*, — les huîtres d'Ostende, — le perdreau truffé, — le *Homard rémoulade*, — le *Rognon brochette* et le *Moët* pur sang dont le grand Clairville a dit :

Vin des grisettes,
Vin des Lorettes,
Il n'est pas cher, pour quatre francs dix sous !

O *Banquet d'Anacréon!* temple de la déesse des amours, — asyle mystérieux de la reine de Cythère, de Paphos et d'Amathonte, — sanctuaire tout parfumé de la senteur des truffes et de l'arome du patchouli, — que d'intrigues, ébauchées à l'avant-scène des *Folies-Dramatiques* ou des *Délassements*, se sont dénouées sous tes lambris érotico-culinaires !

Que les murs coquets
De tes cabinets,
S'ils n'étaient discrets,
Diraient de secrets !!

Et comme tu tiens une large place dans les glorieux et enivrants souvenirs des vicomtes de pacotille et des don Juan du jardin Mabille !

Un jour, peut-être, — un jour où nous

serons d'humeur gaillarde, — nous écrirons une page de tes mémoires, sous la dictée de Cupidon lui-même et des Grâces, décolletées jusqu'à la cheville, comme les aimait M. de Parny.

Mais, en attendant qu'un dieu nous fasse ces loisirs, reprenons notre récit.

Raphaël et son guide s'arrêtèrent devant la porte de la maison voisine du *Banquet d'Anacréon*.

— C'est ici, — dit Salluces.

Le vicomte frappa.

— Monsieur Van Gripp est-il chez lui? — fit le comte.

La réponse du portier fut affirmative.

— A quel étage? — demanda Raphaël.

— Au premier, sur le derrière, — répliqua Salluces.

Les jeunes gens montèrent.

Il était neuf heures et demie du soir.

Un mauvais quinquet, — attaché à la muraille sur le carré du premier étage, — permettait d'apercevoir une porte massive du plus formidable aspect.

Un petit guichet, — fortement grillé en fer, comme un guichet de prison ou de couvent, — était pratiqué au milieu de cette porte.

Raphaël agita un vieux cordon de cloche qui pendait contre le mur.

On entendit aussitôt retentir à l'intérieur les aboiements d'un chien de garde, — puis un pas lourd s'approcha lentement; — le guichet s'ouvrit, et une grosse voix demanda :

— Qui est là ?

— Un habitué de la maison, — répondit Salluces.

— Comment vous appelez-vous ?

Le comte se nomma.

— Qu'est-ce que vous voulez ? — reprit la voix.

— Parler à monsieur Van Gripp pour une affaire très pressante.

— Je vais prévenir mon maître; car, ordinairement, à cette heure-ci, il ne reçoit plus personne pour affaire. — Attendez un moment.

Le guichet se referma et les pas s'éloignèrent.

— Diable ! — fit Raphaël, — il n'est pas facile d'arriver à votre escompteur, mon cher comte.

— Le brave homme ne se sent pas, probablement, la conscience très nette, et il prend ses précautions contre quelque vengeance de débiteur trop écorché. — Mais, chut ! voici qu'on revient.

Une clé grinça dans la serrure, — la porte tourna sur ses gonds, et l'homme qui venait d'ouvrir, espèce de géant, trappu comme un tonneau et velu comme un ours, dit à M. de Salluces en l'introduisant ainsi que Raphaël dans une antichambre absolument nue.

—Mon maître vous recevra,—parce que c'est vous, — il est dans son cabinet, venez.

Au fond de l'antichambre il y avait une porte qui donnait accès dans un couloir étroit et sombre.

Au bout de ce couloir se trouvait le cabinet de Van-Grippe.

Une petite lampe, posée sur un vieux meuble et combattant à grand peine les ténèbres qu'elle ne parvenait point à dissiper, permettait cependant de distinguer, d'une façon vague et confuse, les dispositions et le mobilier de la pièce dont il s'agit.

On eût dit l'entrepôt d'une douane, ou la cale d'un navire.

Tout à l'entour, des ballots de marchandises de toute nature et de toute espèce se superposaient en étages irréguliers.

Ici, des rouleaux de toile ou d'énormes paquets de foulards.

Là, des caisses de sucre et de café.

Un peu plus loin, des amas de vieux linge et de vêtements hors de service.

Dans un coin, des tableaux sans cadres ou des cadres sans tableaux.

D'un autre côté, des armes anciennes et modernes.

Sur un rayon, dix ou douze pendules.

Des livres richement reliés, — des pipes turques, — des cannes, — un perchoir de perroquet, — des jouets d'enfant, — des oripeaux de théâtre...

De tout, enfin! de tout!...

L'un des angles de l'étrange capharnaüm que nous décrivons, était coupé par un grillage à mailles très serrées, recouvert intérieurement d'un rideau de serge verte.

Un guichet, — semblable à ceux que l'on trouve dans les maisons de banque et les comptoirs des changeurs, — s'ouvrait au milieu de ce grillage.

Le rideau, hermétiquement fermé, ne permettait point de voir celui où ceux qui se tenaient cachés dans cette sorte de sanctuaire.

Au moment où Raphaël et Salluces arrivèrent dans la pièce dont nous venons de tracer succinctement l'inventaire, — les aboiements, signalés par nous au commencement de ce chapitre, prirent un caractère de plus en plus furieux, et un énorme chien des Abruzzes, noir comme du jais, le muffle contracté et les prunelles sanglantes, se dressa au bout de la chaîne qui le retenait et s'élança à l'encontre des nouveaux venus avec l'intention manifeste de se jeter sur eux.

Raphaël recula précipitamment.

— N'ayez pas peur, — dit le guide avec un gros rire, — il est attaché!!

Puis il ajouta en s'adressant au chien qui continuait à hurler :

— Couchez-là, Stop! couchez tout de suite, vilaine bête !

Le chien se coucha et se tut.

En ce moment, le rideau de serge cria sur sa tringle, et l'on put entrevoir un personnage de bizarre apparence, assis derrière le grillage dans le réduit fortifié qui lui servait d'asile.

Ce personnage, caché jusqu'à mi-corps par un bureau assez élevé, était enfoui dans un large fauteuil.

Les plis flottants d'une vieille jacquette de toile Perse, dissimulaient sa taille.

D'énormes favoris roux, une longue

barbe et des moustaches de la même nuance, envahissaient la presque totalité de sa figure.

Le reste disparaissait sous des lunettes bleues et sous la visière d'une gigantesque casquette.

L'abat-jour vert d'une seconde lampe placée sur le bureau, donnait un aspect blafard et livide à ce que l'on apercevait du nez et des joues.

Ce personnage était Van Gripp.

Il porta la main à sa casquette, se souleva à demi et dit à Salluces :

— Puis-je savoir, Monsieur le comte, ce qui me procure l'honneur de votre visite à cette heure ?

La voix de l'usurier fit tressaillir Raphaël.

Il se dit que, sans aucun doute, ce n'était pas la première fois qu'il entendait cette voix; mais il lui fut impossible de préciser ses souvenirs.

Il regarda Van Gripp avec plus d'attention.

Cet examen servit à le convaincre qu'il n'avait jamais vu la repoussante figure qui s'offrait à ses regards.

L'usurier répéta sa question.

— Mon cher Monsieur Van Gripp, — répondit Salluces, — nous venons causer avec vous d'une bonne affaire.

— Bonne, pour qui? — demanda l'escompteur d'un ton sournois.

— Pour vous, pardieu !

— Eh bien ! je vous écoute.

— Ne pouvons-nous un instant rester seuls avec vous ?

— Si fait, Monsieur le comte, — répliqua Van Gripp, qui ajouta en parlant à son domestique :

— Va dans le couloir, Camisard, et tiens-toi à portée de la voix.

Le géant sortit.

— Nous voici seuls, — dit alors Van Gripp. — Voyons, qu'est-ce que vous voulez ?

— J'aborde nettement la question, — fit Salluces..

— Et vous avez raison.

— Mon ami que voici a besoin d'argent.

— D'abord, qui est votre ami, s'il vous plaît ?

— Le vicomte Raphaël.

— Ah ! ah ! — fit l'usurier, — le pupille de M. le baron de Maubert...

— Précisément.

— Vous me connaissez ? — demanda Raphaël, un peu surpris.

— Je connais tout le monde, répliqua Van Gripp.

— Alors, — reprit Salluces, — vous devez savoir que la signature de mon ami est excellente...

— Hum! hum! — excellente, n'est pas le mot!

— Comment cela?

— Sans doute, — M. le vicomte, pour lequel je professe d'ailleurs la plus profonde estime, n'a pas un sou vaillant et n'est riche que des libéralités de M. de Maubert...

— Dont il doit hériter.

— On le dit, mais le baron se porte bien et son testament n'est pas fait...

— Qu'en savez-vous?

— Je sais tout. — Enfin, voyons, de quelle somme aurait besoin M. le vicomte?

— Cinq mille francs.

— Diable!! — et quand les lui faudrait-il?

— Tout de suite.

— Impossible!

— Pourquoi donc?

— L'affaire ne me convient point,—je la trouve chanceuse.

— N'en avez-vous pas fait cent fois de bien plus hasardeuses??

— Peut-être, mais celle-ci ne me va pas.

— Je répondrai pour M. le vicomte.

— Cela est en vérité fort séduisant!

avec ça qu'elle est jolie, votre signature !!
— J'ai là pour deux mille francs de vos lettres de change, protestées.

— Nous ne regarderions pas à l'intérêt et nous serions coulants sur le chapitre de la prime.

— Vous savez bien, Monsieur de Salluces, que quand j'ai dit *non*, c'est *non !*

— Ainsi, vous refusez ?

— Positivement.

— Allons nous-en, — dit Salluces à Raphaël, — il est plus entêté qu'une mule espagnole, nous n'en tirerons rien.

— Bonsoir, Messieurs, — fit l'usurier en refermant son rideau.

Les deux jeunes gens se dirigèrent vers la porte.

Ils allaient l'atteindre quand on entendit de nouveau le bruit criard des anneaux sur la tringle, et, en même temps, la voix de Van Gripp, qui disait :

— Écoutez.

— Est-ce que vous vous raviseriez, par hasard? — demanda Salluces, en s'arrêtant.

— Je ne me ravise point, mais il y a peut-être une manière de nous entendre.

— Voyons ça.

— Mon Dieu, je suis bon enfant moi, je ne demande qu'à faire des affaires, mais je veux qu'elles soient sûres...

— Après ?

— Si je refuse de traiter avec M. le vicomte, c'est que je ne trouve pas suffisantes les garanties qu'il m'offre...

— Nous n'en avons cependant pas d'autres à vous proposer.

— Peut-être.

— Lesquelles ?

— M. le baron de Maubert aime Monsieur le vicomte comme son propre fils...

— Sans doute.

— Mais j'ai connu beaucoup de pères, qui, lorsqu'arrivait l'échéance d'une lettre de change de leur progéniture adorée, refusaient bel et bien d'y faire honneur, ou, tout au moins, jetaient feu et flamme contre ce *scélérat de Van Gripp, ce brigand d'usurier*, — c'est comme cela qu'ils m'appelaient, — et me faisaient subir les réductions les plus odieuses en me menaçait gentiment de la police correctionnelle !

— C'était fort mal !

— Dites donc que c'était indigne ! ! mais j'y ai été pris dix fois !! — Or, il peut m'en arriver tout autant avec M. le baron de Maubert.

— Je ne le crois pas.

— Moi non plus, pourtant c'est possible.

— Qu'y faire ?

— Voici, — j'ai imaginé un petit expédient qui ne manque point son effet, et qui rend les pères ou les tuteurs doux et coulants comme de jeunes demoiselles....

— Voyons l'expédient.

— Il est simple. — L'adolescent qui veut puiser dans ma caisse me signe un simple billet à ordre, mais il a soin d'ajouter de sa propre main, au dos dudit billet, l'honorable signature de son père ou de son tuteur...

— Mais, Monsieur, — s'écria Raphaël, — savez-vous bien que c'est un faux, cela ! ! !

— Parbleu ! si je le sais ? — Sans doute...

— Et vous osez me proposer ?...

— Pas la moindre chose. — Je raconte et voilà tout. — L'échéance arrive, — le père entrevoit dans un protêt, pour son fils, non point le tribunal de commerce, c'est-à-dire la prison pour dettes, mais bien la cour d'assises, c'est-à-dire le bagne, et il s'exécute sans mot dire. — Je n'ai nul besoin d'ajouter que les billets de cette espèce ne sortent pas de mon portefeuille avant le jour de l'échéance et que je les tiens sans cesse à la disposition de leurs souscripteurs, moyennant le paiement intégral du capital et des intérêts de la somme prêtée, — voilà ce que j'avais à vous dire, Monsieur le vicomte, et maintenant j'aurai l'honneur d'ajouter que si, d'ici à une heure, vous m'apportez une lettre de change de cinq mille cinq cents francs, à trois mois, endossée par M. le baron de Maubert, j'aurai le plaisir de vous compter à l'instant même cinq beaux billets de banque de mille francs chacun. — Messieurs, je suis votre serviteur !

Et le rideau se referma.

— Venez, mon ami, dit vivement Raphaël à Salluces, — venez, sortons de cette caverne ! — j'étranglerais cet homme, ou plutôt ce démon !!

— Je vous suis, — répondit Salluces, avec un étrange sourire.

Les deux jeunes gens quittèrent le logis de Van Gripp.

XXVIII

LA SIGNATURE.

(Suite.)

Quand les deux jeunes gens se retrouvèrent sur le boulevart, Raphaël s'arrêta et se tournant vers Salluces il lui dit en croisant les bras sur sa poitrine :

— Eh bien ! que pensez-vous de l'impudence de ce drôle ??

— Ma foi, je n'en pense rien, — répondit tranquillement M. de Salluces.

— Comment, vous ne vous indignez pas comme moi de l'infâme proposition qu'un pareil maraud a osé me faire!!

— Pas le moins du monde, et j'ajouterai même, mon cher ami, que votre exaspération m'étonne.

— Par exemple, voilà qui est fort!!.

— Raisonnons un peu s'il vous plaît. — Qu'est-ce que Van-Gripp vous demande?

— Un faux, pardieu ! rien que cela !

— Eh non ! Vous envisagez la question sous un point de vue qui la dénature à vos yeux. — Je trouve la demande de notre escompteur parfaitement simple, parfaitement naturelle, parfaitement inoffensive, et j'ajouterai même, tout-à-fait innocente.

— Je m'y perds! — murmura Raphaël.

— Vous parlez d'un *faux*, mon ami, — continua Salluces; — sans doute, matériellement parlant, vous avez raison, puisqu'il s'agit d'imiter une signature qui n'est pas la vôtre ce qui constitue un acte criminel prévu par le code pénal, mais dans la circonstance présente le *faux* dont il s'agit perd toute espèce de gravité et devient le plus insignifiant, le plus anodin de tous les *faux!*

— Pourquoi et comment?

— N'êtes-vous pas certain d'avance de l'acquiescement de M. de Maubert ? —

N'avez-vous pas dans votre poche une lettre de lui qui vous garantit qu'une heure après son retour à Paris vous recevrez les cinq mille francs dont vous seriez déjà propriétaire sans une incroyable inadvertance de cet excellent baron? — Ne pouvez-vous pas enfin, dès demain, dès après-demain au plus tard, retirer des mains du juif la lettre de change en question? — C'est cinq cents francs qu'il vous en coûtera; mais si vous tenez réellement à figurer dans les courses de Satory et à vous entendre proclamer vainqueur devant la dame de vos pensées, il me semble que vous ne devez point hésiter à sacrifier une aussi misérable somme...

Les arguments de M. de Salluces ébranlaient visiblement Raphaël, et l'irrésolution de son esprit se peignait sur son visage.

— Ainsi, — dit-il après un moment de silence, — vous me conseillez de faire ce que Van-Gripp demande?

— Oui, — cent fois, oui !

— Et, à ma place, vous agiriez ainsi?

— Oui, j'agirais ainsi, *sans peur et sans reproche!* comme feu le chevalier Bayard!! — répliqua Salluces en riant.

— Eh bien! malgré tout ce que vous venez de me dire, je ressens une extrême répugnance et un involontaire effroi.

— Scrupules d'enfant!!

— Un *faux*, cependant, mon ami, si innocent qu'il soit, songez-y, c'est bien grave!!

— Oh! — reprit Salluces en changeant de ton, — puisque vous n'êtes pas convaincu et puisque c'est le mot qui vous effraie et non la chose, — n'y songez plus et n'en parlons pas davantage! — Je vous donnais un conseil dans votre intérêt, mais peu m'importe après tout que vous soyez ou non propriétaire de miss Ophélie!! — Bonsoir, mon ami, à demain!

Ces paroles de Salluces portèrent le dernier coup aux irrésolutions de Raphaël.

— Je signerai, — dit-il.

— A la bonne heure, mais hâtez-vous, Van-Gripp ne vous attendrait point.

— Où trouver du papier timbré ?

— Je dois en avoir dans mon portefeuille. — Je suis toujours armé pour la lettre de change, comme le soldat pour le combat. — Justement en voici. — Entrons au restaurant voisin, prenons un cabinet, un poulet froid, de l'encre, une plume et battez monnaie !

— Entrons, — répéta machinalement Raphaël.

Le restaurant voisin était le *banquet d'Anacréon*.

Les deux amis en franchirent le seuil.

Au moment où ils allaient s'engager dans l'escalier qui conduisait depuis le rez-de-chaussée aux salons du premier étage, ils furent croisés par une bande joyeuse composée de deux ou trois jeunes gens et d'autant de jeunes et jolies femmes.

L'une de ces dernières était Azurine, ci-devant maîtresse du vicomte, et nymphe de l'Académie royale de musique.

Azurine, légèrement ébriolée et plus jolie que jamais, s'arrêta devant Raphaël et s'écria :

— Tiens ! c'est mon ancien !!

— Bonsoir, ma petite Azurine.

— Bonsoir, mes ex-amours. — Où donc que tu vas comme ça ?

— Souper ; et toi ?

— Moi, j'en viens. — Ça se voit de reste ! — Mais comme te voilà pâle et effaré, mon pauvre chéri ! on dirait que tu médites un mauvais coup ! !

— Vraiment ? — répondit Raphaël avec un sourire un peu forcé.

— Parole d'honneur. — Bonsoir, Vicomte !

Et la leste Azurine, reprenant le bras de son propriétaire actuel qui avait assisté à ce dialogue en se dandinant d'un air fort sot, s'éloigna en modulant de grands éclats de rire.

— Ma foi ! — se dit Raphaël en montant l'escalier. — je crois que cette petite a raison, car, je le sens là, je vais faire un mauvais coup !

Mais il était trop tard pour reculer.

L'amour-propre s'en mêlait, et d'ailleurs le comte de Sallucés était à côté du jeune homme, comme un démon railleur, prêt à combattre par sa mordante ironie une hésitation nouvelle.

Raphaël prit la feuille de papier timbré et il écrivit en travers ces mots sacramentels :

« *Accepté pour la somme de cinq mille cinq cents francs, payables à trois mois de vue.* »

Puis il signa.

Ensuite, il retourna le chiffon fatal, et, tirant de sa poche le billet de M. de Maubert qu'il avait reçu une heure auparavant, il imita de son mieux la signature du baron sur le verso de la lettre de change.

— Parfait! dit Salluces en examinant d'un œil de connaisseur les caractères fort distincts, quoiqu'un peu tremblés, que venait de tracer Raphaël. — Maintenant, vite chez Van Gripp!

Camisard, le géant qui servait de domestique et de garde-du-corps à l'escompteur, avait sans doute reçu une consigne particulière, car il introduisit les jeunes gens sans leur faire subir une seule des formalités de la première entrevue.

Van Gripp entr'ouvrit son rideau.

— Eh bien! — demanda-t-il.

Ce fut Salluces qui répondit :

— M. le vicomte, — dit ce dernier, — vous apporte une lettre de change à trois mois; portant, ainsi que vous l'avez exigé, l'endos de M. le baron de Maubert.

— C'est le mieux du monde ! — Voyons un peu cela...

Et le juif étendit sa main à travers le guichet.

— Un instant, — fit Raphaël, — je voudrais, avant de terminer cette affaire, vous dire deux mots, monsieur Van Gripp.

— Je suis aux ordres de monsieur le vicomte, — répondit l'usurier.

— Il est bien convenu, n'est-ce pas, — continua Raphaël, — il est bien convenu que cette lettre de change ne sortira pas de vos mains ?...

— Sans doute.

—Et que si, d'ici à huit jours, je vous apporte cinq mille cinq cents francs, vous me la restituerez immédiatement ?...

—Eh parbleu! ne sera-ce point mon intérêt ? — N'est-il pas clair comme le jour que je dois préférer du bon argent à un mauvais chiffon de papier que je ne puis pas même mettre dans la circulation ? — Ainsi, soyez tranquille et dormez sur vos deux oreilles!!

— Voici le billet, — dit Raphaël.

La main de Van Gripp s'étendit avidemment vers le papier, et le saisit avec la rapacité d'un vautour qui happe sa proie.

Pendant un instant il en étudia la signature en silence, comme avait fait Salluces, puis il s'écria avec un rire sardonique :

— En vérité, pour une signature improvisée cela n'est vraiment pas mal ! — vous avez des dispositions, monsieur le vicomte, beaucoup de dispositions, et, pour peu que vous les cultiviez, vous arriverez facilement à un joli talent d'amateur !! — Il y a, sans aucun doute, à Rochefort et à Toulon, des calligraphes émérites qui dans leur tendre jeunesse promettaient moins que vous ne tenez, — recevez mes félicitations, monsieur le vicomte, mes félicitations bien sincères !

A mesure que Van Gripp parlait, Raphaël se convainquait de plus en plus qu'il avait déjà entendu quelque part cette voix ironique et mordante qui lui tordait douloureusement les nerfs et lui faisait froid au cœur.

Il eût donné beaucoup pour ravoir sa lettre de change.

Il allait la redemander, peut-être, mais Van Gripp ne lui en laissa pas le temps, car il allongea de nouveau sa main par le guichet, et dit à Raphaël, en lui tendant cinq billets de banque :

— Voici votre argent, monsieur le vicomte.

XXIX

JANUS.

La nuit de Raphaël fut terrible.

Des songes effrayants ou plutôt un inexorable cauchemar, vinrent s'asseoir au chevet de son lit.

Les sombres fantasmagories de la cour d'assises passèrent une à une dans les rêves qu'enfantait son imagination frappée.

Il se voyait assis entre deux gendarmes, sur la sellette des accusés.

En face de lui se dressaient des juges impassibles, au regard froid et au front sévère.

Au-dessus d'eux apparaissait, dans sa bordure ternie, l'image du Christ, ce suprême dispensateur de toute justice.

Il entendait alors retentir à ses oreilles ces mots terribles :

— *C'est un faussaire !!*

Vainement il s'écriait :

— Je suis innocent, car mon crime, si c'en est un, ne portait préjudice à personne !!

On ne l'écoutait pas et on le condamnait.

Il se voyait, alors, revêtu de la casaque rouge des forçats.

Il sentait à son pied le poids de la chaîne à laquelle il était rivé.

Et il appelait à son secours, tantôt le comte de Salluces et tantôt le baron de Maubert qui ne lui répondaient, tous les deux, que par un ricanement sinistre.

. . . .

Ce supplice infernal dura jusqu'à dix heures du matin.

Raphaël fut enfin réveillé par Acajou qui vint lui dire :

— Il y a dans la cour une jument qu'on amène pour Monsieur le vicomte, et dans l'antichambre un marchand de chevaux qui prétend que Monsieur le vicomte lui a donné rendez-vous à cette heure.

— C'est bien, — répondit Raphaël, en sautant à bas de son lit.

Cinq minutes après, miss Ophélie, bien et duement payée à Salomon Caïn, s'installait dans l'écurie du vicomte.

§

Un peu avant midi, Raphaël reçut une lettre.

Cette lettre était de M. de Maubert et contenait ce qui suit :

« Mon cher enfant,

« Mon absence a été plus courte que je ne le
« croyais. — Je suis arrivé il y a une heure.
« — Viens me voir à l'instant, car j'ai à te
« parler.

« Ton ami,

« Le baron de Maubert. »

Raphaël prit tout aussitôt le chemin de la rue Meslay.

La voiture de M. de Maubert était encore dans la cour,

La première parole du baron à son pupille, fut celle-ci :

— Parbleu, mon ami, tu as dû joliment me maudire, hier !!

— Vous maudire !! — répéta Raphaël.

— Ou tout au moins me prendre pour un mauvais plaisant, continua le baron, — car rien ne ressemblait plus à une mystification que la lettre qui t'annonçait cinq mille francs et qui ne contenait pas un sou. — Figures-toi, mon cher enfant, que j'étais déjà à trois lieues de Paris quand en retrouvant dans mon portefeuille le bon sur mon banquier dont je te parlais, je me suis aperçu de la déplorable distraction qui me faisait jouer un si sot rôle, vis-à-vis de toi ! — en vérité, de pareilles étourderies ne sont plus permises à mon âge ! — Heureusement qu'après tout il n'y avait pas grand mal et que me voilà revenu pour tout réparer. — Tiens, mon ami, voici tes cinq mille francs.

— Merci ! cent fois merci ! — s'écria Raphaël, — vous ne savez pas combien est immense le service que vous me rendez ! !

— Vraiment ! eh bien ! tant mieux ! — Mais qu'as-tu donc, mon enfant, — je te trouve la figure bouleversée, — les traits flétris, — les yeux hagards ! ! — te serait-il arrivé, en mon absence, quelque chose de fâcheux ?...

— Oh ! — murmura le jeune homme, — Je n'oserai jamais vous dire...

— Raphaël, — fit M. de Maubert, d'une voix grave et pénétrée, — ai-je, sans le savoir et sans le vouloir, démérité de votre confiance ?...

— Vous ne le croyez pas! s'écria vivement Raphaël.

— Eh bien! qui vous empêche de parler? — Si vous avez à m'avouer une folie ou une faute, vous savez bien que je suis indulgent...

— Vous avez raison, bon père, aussi je vais tout vous dire.

— Parle donc, mon ami, parle vite.

— Je dois vous prévenir d'abord, que ma confession est d'une extrême gravité...

— Je t'absous d'avance, seulement, pas de préambules et vas droit au fait!

— M'y voici.

Et Raphaël raconta tout ce que nos lecteurs connaissent déjà.

—En effet, — répondit le baron, quand le jeune homme eut achevé son récit, — cela est grave, fort grave, et je blâme la légèreté de ta conduite en cette circonstance; mais, quand la sottise est faite, les sermons ne servent à rien, seulement il ne faut pas que cette malheureuse lettre de change reste une heure de plus dans les mains de ce Van Gripp que je n'aurais jamais cru capable d'un procédé pareil! — Tiens, voici cinq cents francs que j'ajoute aux cinq mille que tu as déjà reçu, cours chez l'usurier et ne sors pas de chez lui avant d'avoir fait rentrer en ta possession ta signature... et la mienne.

—Oui, mon ami.

— Je t'attends ici, — tu viendras me rendre compte de ce qui se sera passé, et nous brûlerons ensemble ce papier malencontreux! va, mon enfant, va vite, j'ai hâte de te revoir.

Raphaël serra affectueusement et à deux reprises la main de M. de Maubert, et quitta la rue Meslay pour le boulevard Saint-Martin.

— Monsieur Van Gripp est-il chez lui? —demanda-t-il à Camisard qui vint lui ouvrir la porte de l'usurier.

— Oui, Monsieur, — répondit le géant, — mais il est en affaires, — si vous voulez l'attendre, asseyez-vous là.

Raphaël regarda le siége que Camisard lui indiquait du geste.

C'était une banquette de bois de sapin,

—veuve du velours d'Utrecht qui la recouvrait naguère, alors qu'elle faisait merveille dans les bals et dans les raouts des boutiquiers du quartier Saint-Denis.

Cette banquette n'offrait rien de bien séduisant à un jeune homme accoutumé à toutes les recherches du comfort et du luxe, — Raphaël préféra se promener de long en large dans l'antichambre, en attendant le bon plaisir de Van Gripp.

— Mon maître vous demande, — vint dire Camisard au bout d'un quart d'heure.

Le vicomte n'avait vu sortir personne, mais sans doute le logis du juif avait une seconde issue et ceux qui venaient de conclure avec lui quelqu'onéreuse affaire pouvaient regagner le boulevard sans rencontrer les emprunteurs ou les solliciteurs qui faisaient antichambre.

Le cabinet dans lequel fut introduit Raphaël et que nous connaissons déjà offrait, en plein jour, un aspect plus bizarre et plus repoussant encore qu'à la faible clarté des lampes.

Les rayons du soleil, si peu tamisés qu'ils fussent à travers les vitres poudreuses, suffisaient à mettre en relief l'aspect misérable et répugnant des mille objets entassés dans ce bazar immonde.

Les rideaux de serge verte étaient hermétiquement abaissés sur le grillage, derrière lequel trônait Van Gripp.

Au moment de l'entrée de Raphaël le juif écarta les rideaux, mais d'une manière presqu'imperceptible et seulement afin de constater sa présence, puis il dit :

— Que puis-je faire pour vous, monsieur le vicomte ?

— Vous souvenir de l'engagement que vous avez pris hier avec moi.

— Quel engagement, s'il vous plaît?

— Celui de me rendre à première réquisition la lettre de change que je vous ai signée.

— Apportez-vous l'argent ?

— Le voici.

— Fort bien, — je vais l'échanger contre votre titre.

Raphaël, en écoutant ces mots, se sentit inondé d'un bien-être délicieux! — Il lui sembla qu'on lui ôtait un poids immense de dessus la poitrine.

On ne voyait pas Van Gripp, mais on l'entendait remuer activement des paperasses.

Tout-à-coup il poussa une exclamation énergique :

— Sacré n. de D!!! — fit-il, — voilà qui est vexant, par exemple!!!

— Quoi donc? — demanda Raphaël déjà inquiet.

— C'est jouer de guignon! — poursuivit le juif.

— Qu'y a-t-il? — répéta le jeune homme.

— Je n'ai plus votre lettre de change.

— Vous ne l'avez plus??

— Non.

— C'est impossible !

— Excusez-moi, monsieur le vicomte, je ne mens jamais.

— Mais enfin, Monsieur ! — s'écria Raphaël avec défiance et avec colère, — vous aviez pris avec moi un engagement positif !...

— Je ne dis pas le contraire.

— Alors, comment se fait-il que vous ne soyez pas en mesure aujourd'hui de remplir cet engagement ?

— Je vais vous l'expliquer. — Ce matin,

j'ai eu besoin d'argent, et j'ai envoyé des valeurs à l'escompte à la banque de France.
— Comment votre lettre de change, que je comptais garder précieusement, s'est-elle trouvée à mon insu mêlée avec d'autres valeurs ? voilà ce que je ne puis m'expliquer à moi-même ! — Malheureusement le fait existe et il est irréparable, car la banque de France ne rend jamais qu'à l'échéance le papier qui est une fois entré dans ses portefeuilles. — Mais si, comme je le présume, vous n'êtes inquiet qu'à cause de la petite signature de fantaisie que vous avez ajoutée à l'endos, vous avez grand tort de vous tourmenter, car en mettant l'argent de côté chez vous bien soigneusement, et en payant à présentation, dans quatre vingt-dix jours, vous êtes certain de n'être poursuivi en aucune façon.

— Vous me répondez qu'il ne m'arrivera rien de fâcheux ?

— Foi d'honnête homme, je vous en réponds.

— Souvenez-vous, monsieur Van-Gripp, que le jour où quelqu'un apprendrait par vous l'étrange action que vous m'avez fait commettre, je viendrais, ici, vous brûler la cervelle.

— Vous n'aurez pas cette peine, monsieur le vicomte, — répliqua l'usurier avec un ricanement sarcastique.

— Je l'espère.

— Et moi, j'en suis sûr.

— Je vous salue, monsieur Van-Gripp.

— Monsieur le vicomte, je vous présente mes très humbles respects et je vous souhaite une heureuse chance... Quand vous aurez besoin d'argent, mes petites économies seront toujours à votre disposition. — Excusez-moi si je ne vous reconduis pas, mais j'ai dans la jambe gauche un rhumatisme aigu qui m'incommode fort...

§

A peine Raphaël venait-il de sortir de l'appartement, que Van-Gripp ouvrit la porte du réduit dans lequel il se tenait caché pour recevoir ses clients.

Il commença par s'étirer longuement les bras, ainsi que le fait, en sortant de scène, un acteur fatigué par un rôle difficile.

Il jeta de côté la houppelande de toile perse qui laissa à découvert un torse robuste.

Ensuite il s'approcha d'une vieille glace d'occasion suspendue à la muraille parmi tant d'autres objets que nous avons précédemment inventoriés.

Il jeta dans cette glace un coup-d'œil satisfait, accentué d'un joyeux sourire, pareil à celui du comédien qui est content de la tête qu'il vient de se *faire*.

Ensuite il se débarrassa de sa perruque qu'il posa sur une chaise.

Ses moustaches touffues et ses énormes favoris tombèrent successivement.

Il enleva, avec un peu d'eau, l'épaisse

couche de bistre qui recouvrait son front et ses joues...

Et il apparut alors sous sa forme véritable.

Cette forme, — nos lecteurs l'avaient-ils deviné? — n'était autre que celle du baron de Maubert.

Aussitôt que cette complète transfiguration fut achevée, le personnage que nous mettons en scène appuya du bout du doigt sur un bouton de cuivre qui disparaissait dans une moulure de la boiserie.

Une porte, habilement masquée, tourna tout aussitôt sur des gonds invisibles et laissa voir un étroit passage pratiqué dans l'épaisseur de la muraille.

Le baron s'engagea dans cette ouverture, — referma la porte derrière lui, — souleva une tenture en cuir de Cordoue gauffré et se trouva dans le cabinet de travail de son appartement de la rue Meslay où il s'établit devant son bureau et alluma une pipe turque en attendant que Raphaël vînt lui rendre compte de son entrevue avec l'usurier Van-Gripp.

XXX

LA COURSE.

Le jour des courses était arrivé.

Déjà la plaine de Satory se couvrait d'une foule empressée, curieuse des émotions que devait lui procurer le spectacle de l'une des premières *courses au clocher* qui eussent été impatronisées en France.

Car, à cette époque, l'ingénieux plaisir

qui consiste à rendre les chevaux fourbus et à briser les membres ou fendre les crânes des cavaliers dans ces *steeple-chases* importés d'outre-Manche, n'avait point encore conquis la place distinguée qu'il occupe aujourd'hui parmi nos réjouissances nationales.

Ce n'est pas que nous prétendions médire de cette charmante importation qui éreinte les chevaux afin d'en améliorer la race! — loin de nous une pareille pensée, car, si nous osions seulement la formuler ici, MM. les *gentlemen-riders* quitteraient incontinent le *turf*, théâtre de leurs exploits, pour venir nous menacer de tous leurs *sticks* et de toutes leurs colères.

Certes, de par le cravache et les éperons que nous pourrions avoir, les courses au clocher sont une bien belle chose, et nous ne saurions trouver d'expressions assez vives pour peindre dignement la satisfaction véritable qui nous remplit le cœur, lorsque, par une pluie battante, dans cette étroite vallée où la Bièvre coule noire et fangeuse, nous voyons, au jour solennel de la Croix-de-Berny, une douzaine de gentilshommes, habillés en laquais, pousser, bride abattue, leurs montures efflanquées à travers les champs détrempés, franchir les haies et les fossés, sauter la Bièvre... quand ils ne roulent point dedans, et revenir couverts de boue épaisse et de vase liquide... quand toutefois ils reviennent.

Oh! alors, l'orgueil national prend chez nous des proportions inusitées, et nous éprouvons la véhémente tentation de chanter à tue-tête certain couplet dont voici le refrain :

« Je suis Français, — l'Angleterre avant tout ! (*bis*) »

§

Revenons à nos moutons, c'est-à-dire à la plaine de Satory.

C'était, nous le savons, vers le milieu de l'été.

L'air était pur et le ciel souriant, une petite pluie, tombée durant la nuit précédente, avait rafraîchi l'atmosphère et ravivé la verdure éblouissante du feuillage des grands arbres et du gazon des prairies.

Le terrain des courses avait été disposé à l'avance.

Quelques obstacles factices, tels que des fossés pratiqués pour la circonstance et des haies de branchages, se joignaient aux obstacles naturels que les concurrents devaient rencontrer sur leur chemin.

Des tribunes élégantes, quoique construites à la hâte, se voyaient à droite et à gauche, peintes de vives couleurs et pavoisées de drapeaux blancs.

Les piétons et les cavaliers, arrivant de Paris ou des campagnes environnantes, affluaient de minute en minute.

On voyait se succéder des équipages de toutes sortes, depuis la modeste *demi-fortune* (ce type de voiture aujourd'hui disparu) jusqu'aux plus somptueux landeaux, — depuis le tilbury rapide jusqu'à la pesante et aristocratique berline.

Les jeunes gens riches, passaient, montés sur d'élégants chevaux et suivis par des jokeis étroitement sanglés dans leur ceinturon de cuir.

Les commis voyageurs en disponibilité et cette race malencontreuse de pauvres imbéciles qui veulent singer, quand même, le luxe et la richesse, arrivaient huchés sur de débiles coursiers dont les membres arqués, la suspecte maigreur et les douteuses allures, trahissaient les fonctions honorables, mais modestes, de chevaux de manège.

Venait ensuite la population turbulente et bavarde des maquignons et des éleveurs, mis en gaîté par de fréquentes libations et par l'approche d'un spectacle si séduisant pour eux.

Tout-à-coup il se fit parmi la foule une rumeur de surprise et d'admiration.

Les piétons se haussèrent sur la pointe de leurs escarpins.

Les cavaliers s'affermirent sur leurs étriers et firent exécuter à leurs chevaux toutes sortes de courbettes et de pétarades.

Tous les yeux se fixèrent à la fois vers un même point.

L'objet sur lequel se concentrait ainsi la curiosité générale était une calèche découverte qui s'avançait au petit trot.

Cette calèche, très haut placée sur ses ressorts, comme la plus grande partie des voitures de cette époque, était traînée par un merveilleux attelage de quatre chevaux noirs, si parfaitement semblables de formes et de couleurs qu'on les aurait pu croire jetés dans un moule uniforme.

Deux postillons, gros comme des belettes, — vêtus de culottes blanches et de vestes bleues brodées d'argent et coiffés de capes en velours, — contenaient à grand peine l'ardeur des quatre chevaux anglais, dont les mors d'argent étaient tout ruisselants d'écume.

Au milieu des panneaux bleu sombre de la calèche, sur le fond d'hermine du manteau de la pairie et sous la couronne ducale, se dessinaient les armes magnifiques des Latour-du-Pic et des Simeuse.

Le vieux duc et Mathilde se trouvaient seuls dans cette voiture.

La jeune femme, plus belle et plus charmante que jamais, portait une robe de soie d'un rose pâle et un chapeau de crêpe blanc, aussi léger et aussi diaphane que ces fils de la Vierge qu'on voit voltiger au-dessus des prairies.

Les touffes opulentes de ses beaux cheveux blonds encadraient délicieusement ses joues fraîches et veloutées.

Elle tenait d'une main une ombrelle toute mignonne, et de l'autre un bouquet de violettes de Parme.

Le duc semblait soucieux et préoccupé.

Mathilde était rêveuse.

De temps à autres, quand un cavalier passait au galop à côté de la voiture, la jeune femme se penchait pour le suivre du regard, mais aussitôt elle se rejetait en arrière et une sorte de désappointement venait se peindre sur ses traits charmants.

— Que cherchez-vous donc? lui demanda tout-à-coup le duc, —on dirait que vous attendez quelqu'un...

— Vous vous trompez, mon ami, — répliqua vivement la jeune femme, — qui voulez-vous que je cherche, et qui donc attendrais-je?

M. de Latour-du-Pic ne répéta pas sa question.

§

Cependant la calèche était arrivée au bord de l'enceinte disposée pour le départ des coureurs.

Le duc proposa à Mathilde de venir prendre place dans l'une des tribunes réservées.

Mathilde préféra rester dans sa voiture.

En ce moment, un jeune homme en habit de cheval et portant des bottes éperonnées, sur une culotte de peau, s'approcha de la calèche et vint saluer M. de Latour-du-Pic et sa femme.

Ce jeune homme était Raphaël.

Mathilde, en l'apercevant, pâlit et rougit successivement.

Le duc ne remarqua pas ce trouble involontaire que Mathilde dissimula du reste de son mieux, en cachant à demi son visage avec le bouquet de violettes qu'elle tenait à la main.

— Êtes-vous engagé, Monsieur le vicomte? — demanda le duc à Raphaël.

— Oui, Monsieur le duc, — répondit ce dernier.

— Je vous souhaite bonne chance. — Le cheval avec lequel vous allez courir vous appartient-il, Monsieur le vicomte?

— Depuis hier, Monsieur le duc.

— Mais du moins, sans doute, ce n'est

pas la première fois que vous le montez?

— Je vous demande pardon, Monsieur le duc,—j'ai essayé avant hier miss Ophélie, pour la première fois.

— N'est-ce donc pas une haute imprudence que de vous exposer ainsi, dans une course dangereuse, avec un cheval que vous connaissez si peu?

— Peut-être est-ce une imprudence, Monsieur le duc, — mais j'ai la confiance qu'un bon ange veille sur moi, et je ne sais quoi me dit que je serai vainqueur...

— Soyez sûr, dans tous les cas, — reprit le duc, en souriant de l'enthousiasme de Raphaël, — soyez sûr que Madame la duchesse et moi, nous ferons des vœux pour vous...

En ce moment, et comme le vicomte allait prendre congé du duc de Latour-du-Pic, — une seconde calèche découverte, presqu'aussi élégante que celle de Mathilde, vint se ranger dans l'espace laissé vide entre la *corde* qui déterminait l'enceinte et l'équipage de la duchesse.

Cette voiture appartenait à la marquise de Villiers, jeune femme du monde de Mathilde et qui entretenait avec cette dernière d'assez fréquentes relations.

— Mon Dieu ! Madame la marquise, — dit la duchesse de Latour-du-Pic, après avoir échangé avec la nouvelle venue quelques-unes de ces phrases banales, formules de conversation stéréotypées dans tous les esprits et sur toutes les lèvres, — mon

Dieu ! que vous avez là un bouquet ravissant !

— N'est-ce pas ? — répondit la marquise.

— D'où viennent ces fleurs, je vous prie ? — Je n'en ai pas encore vu de pareilles...

— Je le crois, chère duchesse, — ces fleurs sont en effet complètement inédites, — passez-moi cette expression un peu prétentieuse, — leur espèce n'existe que dans les serres du chevalier d'Anjou, un vieux gentilhomme à moitié fou, qui en a rapporté l'espèce en France en revenant de l'émigration, et qui habite toute l'année le petit château de B***, à trois lieues d'ici. — Je suis très fière de mon bouquet, parce qu'il est impossible de s'en procurer un semblable !

— Ah ! — murmura la duchesse avec un soupir enfantin, — un bouquet de ces fleurs me plairait plus qu'un collier de diamants !

Raphaël, après avoir entendu la conversation que nous venons de rapporter, s'éloigna des deux voitures et rentra dans l'enceinte dans laquelle les coureurs s'apprêtaient à monter à cheval.

Le signal du départ allait être donné.

XXXI

LA COURSE.

(*Suite.*)

L'entretien un instant interrompu, venait de se renouer entre la duchesse de Latour-du-Pic et la marquise de Villiers.

— Quand vous assistez à une course, pariez-vous quelquefois, chère duchesse ? — demanda madame de Villiers.

— Oui, quelquefois, — répondit distraitement Mathilde.

— Moi, je parie toujours, — oh! mon Dieu! ce n'est pas, je vous assure, pour gagner quelques louis, — mais ça m'amuse, — ça m'intéresse, — j'éprouve toutes les émotions du joueur...

— En vérité?... — fit la duchesse qui n'écoutait guère; occupée comme elle l'était à suivre du regard le vicomte Raphaël, debout dans l'enceinte à côté de miss Ophélie dont un valet rajustait les sangles.

— Certainement; et, tenez, si vous voulez, nous allons parier?

— Volontiers.

— Mon mari est engagé, mais je ne tiens

rien pour lui. — Je suis bien sûre qu'il se laissera choir dans le premier fossé...

— Alors, pour qui pariez-vous?

— Pour qui je parie? voyons un peu... Mais, au fait, oui, c'est cela. — Je parie vingt-cinq louis pour lord Archibald-Sydney que je vois là-bas. — Les tenez-vous?

— Sans doute.

— Pour qui?

La duchesse hésita.

— Dépêchez-vous, — s'écria madame de Villiers, — on va partir et sitôt qu'un des coureurs aura l'avance, ne fut-ce que d'une tête, les chances ne seront plus égales...

— Eh bien ! — dit Mathilde résolument, tandis qu'une rougeur ardente lui couvrait le visage, — je tiens votre enjeu pour *miss Ophélie*, montée par M. le vicomte Raphaël !!

M. de Latour-du-Pic regarda sa femme avec étonnement.

Il était surpris de la voir se souvenir si bien d'un nom de cheval, prononcé une seule fois devant elle, et auquel, lui-même, n'avait apporté qu'une très médiocre attention.

— *Miss Ophélie* ! — répéta la marquise, — je connais cela, — il me semble avoir entendu dire à mon mari qu'il voulait acheter cette jument pour courir aujourd'hui ; mais peu importe !

Et madame de Villiers ajouta après avoir prononcé les phrases précédentes avec une extrême volubilité :

— Ainsi, c'est bien convenu, — *miss Ophélie* avec le vicomte Raphaël, contre *Black-Nick* monté par lord Archibald. — Il faut vous dire que le cheval de lord Archibald a été baptisé *Black-Nick*, parce qu'il est noir comme un corbeau et méchant comme un diable...

La marquise allait continuer sans doute, car une fois en train son flux de paroles ne s'arrêtait plus, mais le signal retentit et les quarante sabots des dix chevaux engagés frappèrent à la fois le sol avec une rivalité impétueuse.

Pendant un instant personne ne parut obtenir l'avantage, et les naseaux frémissants des coureurs se trouvèrent sur une même ligne.

Mais bientôt des inégalités commencèrent à se dessiner.

Quelques-uns se virent distancés.

D'autres, en trois ou quatre bonds, prirent une avance énorme.

D'autres enfin, et ceux-là n'étaient que deux, se trouvèrent seuls bien en avant de tous les autres.

— C'est palpitant! — s'écria la marquise qui, debout dans sa voiture, suivait avec une lorgnette de spectacle tous les détails de la course, — comme nous avons été bien inspirées, chère duchesse, c'est *Black-Nick* et *miss Ophélie* qui battent leurs concurrents d'une incroyable manière ! — Le combat est entre nous deux ! Voyez donc, voyez donc comme ils courent ou plutôt comme ils volent ! — Voici qu'ils arrivent au grand fossé. — Ils vont sauter. — Ils sautent ! Bravo ! — Toujours ensemble !! — C'est inouï !!... — Ah ! les voilà qui tournent la colline, — On ne les voit plus, — c'est dommage...

Mathilde, — tout entière à une pensée unique, — écoutait, sans presque le comprendre, le caquetage incessant de madame de Villiers.

Cette dernière reprit, en braquant sa jumelle dans une autre direction.

— Et les retardaires, que font-ils ? voyons un peu !

Elle s'interrompit pour pousser un grand éclat de rire, puis elle continua :

— C'est mon mari qui est le dernier ! — je l'aurais parié ! ce pauvre marquis n'a pas de chance ! — Bon, — voilà qu'il touche au fossé, — il saute, — patatras ! — son cheval arrive tout seul de l'autre côté, — mon mari est dans le fossé, — ah ! le voilà qui sort de l'eau, — il n'a rien de cassé, tant mieux ! — mais il est mouillé comme un triton et noir de boue, des pieds à la tête ! — regardez-donc chère duchesse, regardez, — c'est très plaisant ! ce pauvre marquis, il est enguignonné de la manière la plus déplorable, — s'il doit arriver à quelqu'un quelque chose de désagréable, on peut-être certain d'avance que c'est sur lui que cela tombera !

. . . .

§

Cependant la course touchait à sa fin.

Une députation des juges du camp vint prier officiellement M. de Latour-du-Pic de se joindre à eux pour décerner le prix au vainqueur, et le duc ne put refuser d'acquiescer à cette demande.

A peine venait-il de s'éloigner, qu'un bruit assez bizarre se propagea dans la foule.

Les retardataires qui, n'ayant plus aucun espoir de disputer le prix, étaient revenus lentement au point de départ sans s'obstiner dans une lutte désormais sans but, avaient raconté qu'immédiatement après avoir tourné la petite colline qui devait le cacher aux regards, le vicomte Raphaël, abandonnant le terrain de la course, avait jeté son cheval sur la droite et s'était enfoncé dans un petit bois, laissant sir Archibald Sidney sans concurrent sérieux.

Depuis ce moment on n'avait plus revu le vicomte et personne ne pouvait s'expliquer ce singulier caprice.

On se perdait en conjectures absurdes et en suppositions erronées.

Lord Archibald, arrivé seul au but, fut proclamé vainqueur.

Tandis que les curieux applaudissaient et que la marquise de Villiers battait des mains avec enthousiasme, sans prendre garde à l'étrange pâleur de la duchesse, un cheval, blanc d'écume, tomba expirant à quelques pas en arrière de la voiture de Mathilde.

Ce cheval et son cavalier étaient venus à travers champs, et, au milieu de la préoccupation générale, nul n'avait remarqué leur approche.

Le cavalier qui s'était trouvé debout au moment où sa monture épuisée roulait sur le sol, ne prononça que ces trois mots :

— Pauvre *miss Ophélie !!* — et se glissa à la portière de gauche de la calèche de Mathilde, de façon à ne pouvoir être aperçu par la marquise de Villiers.

La duchesse, à sa vue, poussa un faible cri.

Raphaël, car c'était lui, mit un doigt sur sa bouche et jeta sur le coussin, à côté de Mathilde, un bouquet parfaitement semblable à celui de la marquise.

Il venait de faire six lieues et de tuer son cheval pour aller chercher ces fleurs.

Mathilde sentit qu'une joie immense, une ivresse inconnue, débordaient dans son âme.

Elle appuya ses lèvres sur le bouquet....

M. de Latour-du-Pic revenait.

Raphaël s'éloigna.

Mathilde cacha précipitamment ses fleurs sous le coussin sur lequel elle était assise.

Désormais, il y avait un mystère entre elle et Raphaël !

— J'ai gagné ! — s'écria joyeusement la marquise. — *Hurrah* pour lord Archibald ! — Lord Archibald *for ever !!.*

— Oui, — dit Mathilde, — j'ai perdu !

— Combien ? — demanda le duc en remontant en voiture.

— Vingt-cinq louis, — répondit la jeune femme à haute voix.

Puis elle murmura tout bas :

— Et mon cœur !...

XXXII

UN ADULTÈRE.

Le vieil Arouët de Voltaire, cet infernal esprit qui jetait à pleines mains dans ses œuvres le doute et le blasphême, ce démon railleur qui se plaisait à saper toutes les croyances, à attiser toutes les passions mauvaises, préparant ainsi les révolutions et les bouleversements dont nos pères ont été les témoins, dont nous sommes les spectateurs, et dont nos fils verront peut-être le dénouement fatal, le vieil Arouët de Voltaire, disons-nous, ne dédaignait pas de s'arrêter parfois dans sa course, pour laisser tomber sur son chemin un madrigal, une épigramme, un sonnet, un bouquet à Cloris et autres bribes et menus suffrages.

C'est lui qui de sa main déjà tremblante de vieillesse, écrivit un jour, sur le socle de la statue de Cupidon fils de Vénus, ces deux vers devenus fameux :

> Qui que tu sois, voilà ton maître ;
> Il l'est, le fut, ou le doit être.

Ce lieu commun rimé renferme une vérité incontestable.

Aimer, — telle est la destinée commune.

L'homme est né pour l'amour.— L'heure arrive où l'âme la plus froide s'émeut au souffle divin de la passion.

Celui-là, dont le cœur n'aurait jamais battu, ne serait à nos yeux qu'un impuissant eunuque.

Seulement, il y a dans l'amour de nombreuses variétés.

Ceux-ci aiment avec leur tête.

Ceux-là, avec leur cœur.

Les plus nombreux avec leurs sens.

Les uns, et ce sont les mieux doués, consacrent leur existence entière à une seule et toute-puissante affection.

Les autres éparpillent à droite et à gauche, et souvent au hasard, la somme de sentiments tendres que le ciel leur a départis.

Quelques-uns, au début d'un premier amour, sont atteints au vif et blessés mortellement par une déception ou par une trahison, et referment leur cœur qui ne se rouvre plus.

Quelques autres, — stoïques d'une nouvelle école, — renferment en eux-mêmes et dérobent à tous les yeux, — par orgueil ou par vertu, — la flamme qui les dévore, — semblables à l'enfant de Sparte, cachant sous sa tunique le renard qui lui rongeait le sein.

Mais, nous le répétons, nul ne peut dire :

— Je n'aimerai jamais !

Les lignes suivantes vont sans doute expliquer à nos lecteurs le but de ces réflexions.

Certes, nous ne sommes point les antagonistes du mariage, bien loin de là.

Le mariage est la base de toute société organisée, — sans lui, plus de famille, — plus d'héritage, — plus de liens sacrés, — le désordre, par conséquent, et le cahos.

Seulement, — nous voudrions une réforme sociale à l'endroit du mariage, et Dieu sait, cependant, que nous ne sommes point *socialiste*.

Nous souhaiterions que le mariage ne fût permis par la loi, que dans les cas où *l'amour* serait possible entre les deux époux.

Nous voudrions que cette même loi interdît d'unir la beauté à la laideur, la jeunesse à la vieillesse.

Nous voudrions que les mariages dits : *de convenance,* fussent prévenus et punis par un code pénal *ad hoc.*

Peut-être, alors, y aurait-il un peu moins de maris étranglant leurs femmes et de femmes empoisonnant leurs maris.

Nous savons bien que ceci est un rêve impossible, une utopie irréalisable.

Mais que voulez-vous, monsieur Proudhon, — l'apôtre de la Montagne, — a bien rêvé la *Banque d'échange.*

La société restera telle qu'elle est, — il est insensé de songer à des réformes humanitaires que chacun traiterait de folies.

Mais alors, pourquoi s'élever contre les conséquences d'une organisation défectueuse.

Vous donnez une jeune femme à un vieux mari.

La jeune femme est infidèle, — on constate le flagrant délit, et vite, un procès en adultère!!

Est-ce logique? — est-ce sensé?

Quoi! l'heure de l'amour est venue pour cette pauvre enfant enchaînée à un froid cadavre, et vous croyez que, par cela seul qu'elle a été mariée par un maire et bénie par un prêtre, elle va pouvoir comprimer les battements de son cœur et glacer dans ses veines son sang impétueux.

Eh non ! — vous ne le croyez pas !

— Mais, la morale !! — allez vous dire.

La morale est sacrée, sans doute, et nous la respectons de toute notre âme, mais que peut la morale quand la nature parle ?...

La tisanne de nénuphar et les rafraîchissants de toute nature, doivent-ils donc être le régime habituel des femmes de vingt ans, mariées à des hommes de soixante ?

Croyez-le, censeurs rigides, — il vaudrait mieux faire moins de procès et moins de bruit, et détruire le mal dans sa racine.

Soyez sévères, mais soyez justes !

Trouvez un moyen de couper court à ces unions disproportionnées qui ne sont que des pourvoyeuses d'adultères, et, quand vous aurez trouvé ce moyen, traînez, si vous le voulez, les catins sur la place publique, pour les marquer au front avec un fer chaud.

Mais jusque-là, indulgence et pitié.

Souvenez-vous de ces divines paroles de l'Évangile :

— *Que celui de vous qui est sans péché, jette la première pierre à la femme adultère !*

Souvenez-vous de ce beau vers de Victor Hugo :

Ah! n'insultez jamais une femme qui tombe!!

Lisez enfin les pages suivantes : — vous y trouverez le récit simple et fidèle de la chute d'une femme, — vous y trouverez — qu'on nous passe cette expression : *un procès-verbal d'adultère*, et, quand vou saurez tout lu, jugez la, cette pécheresse, et condamnez-la si vous l'osez !

§

Ce n'est pas toujours par un acte de sérieux dévouement que l'on prouve à une femme qu'elle règne en souveraine sur votre âme.

Un désir deviné, un caprice prévenu, — voilà des titres qui, bien souvent, décident de l'avenir d'une passion.

Ainsi, Raphaël jouant sa vie et, bien plus, renonçant aux joies du triomphe et tuant sans pitié son beau cheval pour rapporter à Mathilde une fleur qu'elle n'avait pas même désirée tout haut, venait de jouer un de ces coups de maître qui gagnent, neuf fois sur dix, les parties les mieux défendues.

L'expression du regard de la duchesse apprit à Raphël qu'il était désormais vainqueur et que pour pousser sa victoire jusqu'aux dernières conséquences, il ne s'agissait que de le vouloir.

Entre lui et le bonheur il n'y avait plus, désormais, qu'une question de temps.

Cet avenir magique, cet horizon de voluptés, éblouit et ennivra le jeune homme,

— il oublia tout, — et les fatales lettres de change et miss Ophélie expirante.

Il ne vit plus en lui-même que le futur amant de la duchesse de Latour-du-Pic, et s'il lui eût fallu passer en ce moment sous l'Arc de Triomphe de l'Étoile, il aurait courbé la tête, de peur de heurter aux frises du monument, son front orgueilleux.

§

C'était dans la nuit qui suivit la journée des courses de Satory.

Une heure du matin venait de sonner.

Tout était calme et silencieux dans l'hôtel de Latour-du-Pic.

La faible lueur d'une petite bougie dont les rayons douteux étaient tamisés par les parois transparentes d'une veilleuse d'albâtre, éclairait seule l'intérieur de la chambre à coucher de la duchesse.

On n'entendait dans cette pièce que le bruit de la respiration de la jeune femme, — respiration trop haletante et trop irrégulière pour qu'il fut possible de supposer que Mathilde dormait.

Tout-à-coup madame de Latour-du-Pic se souleva sur son séant et écarta vivement les rideaux de son lit.

Elle prêta l'oreille pendant une minute et parut écouter.

Elle n'entendit que le silence.

Alors, rejetant en arrière les draps de

toile de Hollande qui couvraient son beau corps, elle posa sur le tapis soyeux ses deux petits pieds blancs et polis comme du marbre de Carrare.

Phydias, le sculpteur grec, ce dieu de la forme parfaite, n'eût rien rêvé de plus complètement, de plus merveilleusement beau que la jeune femme, ainsi vêtue de ses longs cheveux dénoués et du brouillard transparent de sa chemise.

Elle jeta sur ses épaules un grand châle de l'Inde, dans lequel elle s'enveloppa tout entière.

Elle mit à ses pieds de mignonnes pantoufles.

Elle alluma à la flamme de sa veilleuse une bougie qu'elle prit à l'un des candelabres de la cheminée.

Ensuite, ouvrant sans bruit, avec des précautions infinies, la porte de son cabinet de toilette, elle s'engagea dans l'escalier de service qui, depuis son appartement, communiquait avec le rez-de-chaussée de l'hôtel.

Une fois dans la cour et cachant de son mieux avec l'une de ses deux mains la flamme indiscrète de sa bougie, elle se dirigea vers cette portion des bâtiments qui contenait les écuries et les remises.

Elle entra dans l'une de ces dernières.

Elle marcha droit à la calèche découverte qui, pendant la journée précédente, l'avait conduite aux courses.

Elle souleva l'un des coussins et en retira, avec un tressaillement involontaire, le bouquet qu'elle y avait caché la veille.

Ceci fait, elle éteignit sa bougie, et traversant de nouveau la cour, malgré les ténèbres, avec la rapidité d'un voleur emportant un trésor et sentant derrière ses talons les limiers de la police, elle regagna l'escalier de service, puis son appartement dans lequel elle s'enferma, haletante et épouvantée de sa hardiesse.

Alors elle se recoucha en tenant sur ses lèvres le bouquet de fleurs fanées, qu'elle couvrit, — fleurs bien heureuses! — de baisers, jusqu'au matin.

XXIII

UN ADULTÈRE.
(*Suite.*)

Le lendemain, à l'heure accoutumée, Raphaël se présenta chez la duchesse.

Il la trouva à demi couchée sur une chaise longue, — pâle des émotions de la veille, — brisée par son ardente insomnie et surtout par cette langueur amoureuse qui s'empare invinciblement des femmes, au moment où leur chute est prochaine.

Raphaël, sûr d'être aimé, était venu à l'hôtel avec la résolution bien arrêtée d'être hardi, entreprenant, et de brusquer le dénouement de son amour.

Mais, autant la hardiesse est facile avec les femmes qu'on n'aime que bien peu et qu'on n'estime pas, autant elle devient impossible en face de celle qu'on aime et qu'on respecte.

Aussi, à peine Raphaël se trouva-t-il en présence de Mathilde, qu'il se sentit redevenir hésitant et timide, et certes, cette timidité naïve d'un cœur jeune et brûlant, n'était pas l'un des moindres charmes d'un amour véritable.

Mathilde tendit sa main à Raphaël, — il

porta cette main à ses lèvres, et dans ce baiser, si chaste en apparence, il y eut pour les deux amants un avant-goût des joies du ciel.

Un frisson nerveux courut sous l'épiderme de la jeune femme et il lui sembla qu'une inneffable caresse passait sur tout son corps.

Raphaël ressentit le contre-coup de ce tressaillement, — ses pupilles se dilatèrent et ses lèvres, devenues pâles, attachées par une force invincible à la main de Mathilde, s'abreuvèrent d'une volupté pure encore et pourtant surhumaine.

Il s'assit à côté de la jeune femme, presqu'à ses pieds, sur une chaise basse.

Puis, sans échanger une parole, — immobiles et comme enivrés, les deux amants restèrent longtemps, la main dans la main et les yeux sur les yeux.

De minute en minute le regard de Mathilde s'allanguissait davantage et son cœur battait plus vite.

Elle se sentait chanceler.

Il lui semblait qu'une irrésistible impulsion la poussait en avant et l'allait jeter, palpitante, dans les bras de Raphaël.

Elle comprit l'imminence du danger.

Sa pudeur de femme se révolta à l'idée de ne pouvoir résister à ses propres désirs, en présence d'un amant qui ne suppliait pas.

Elle voulut couper court au périlleux silence, qui, plus éloquent cent fois que les plus ardentes prières, la livrait, corps et âme, à l'appel de ses sens, et elle murmura :

—Pourquoi vous taisez-vous, mon ami ? — N'avez-vous donc rien à me dire ?

A ces paroles de Mathilde, Raphaël sembla s'éveiller d'un rêve.

— Rien à vous dire ? — répéta-t-il, — oh ! Mathilde, n'entendez-vous donc pas la voix qui parle dans mon cœur ?

La jeune femme ne répondit point, mais elle fit un mouvement de tête qui signifiait clairement :

— Je ne l'entends que trop, cette voix !

Le silence recommença.

C'était au tour de Raphaël à le rompre.

Il le fit en prononçant d'une voix presqu'indistincte, ces mots :

— Mes pauvres fleurs, — les avez-vous encore?...

— Les voici, — répondit Mathilde en entr'ouvrant les plis de son corsage.

A peine avait-elle fait ce geste, qu'elle le regretta.

Mais il était trop tard, car Raphaël, à genoux devant elle, murmurait déjà :

— Laissez-moi les voir..... Mathilde..... oh ! laissez-moi les voir...

Mathilde ne résista point.

Et Raphaël, cachant sa tête dans le sein

de la jeune femme, respirait le parfum qu'exhalaient les fleurs cachées dans ce doux sanctuaire et couvrait de ses ardents baisers les fermes contours d'une gorge de statue.

— Que faites-vous?... — bégayait Mathilde, dont la raison s'égarait de plus en plus.

— Je t'aime... — répondait Raphaël.

Et liant de ses deux bras la taille souple et cambrée de la jeune femme éperdue, il releva la tête et colla ses lèvres ardentes aux lèvres divines de Mathilde.

§

Il était écrit là-haut que Mathilde succomberait, et nous nous sentons au cœur pour ce pauvre ange déchu des trésors d'indulgence.

Mais n'y eût-il pour atténuer la faute de la jeune femme que le fait que nous allons retracer et qui servit de dénouement inattendu à la scène que nous racontons, qu'il nous semblerait encore que cette faute était rachetée d'avance.

Au moment où frémissante, — éperdue, — pâmée, — morte d'amour sous ce baiser, le premier qu'une bouche jeune et adorée, eût donné à ses lèvres ; Mathilde ne résistait plus...

Au moment où tous ses nerfs étaient tendus pour la volupté, — au moment où toutes les fibres de son corps appelaient le plaisir... — au moment enfin où Raphaël lui répétait :

— Je t'aime... — et s'efforçait de le lui prouver, la jeune femme obéissant à un sentiment d'inneffable pudeur, s'arracha par un effort héroïque, impossible, à l'étreinte de son amant, et s'écria, d'une voix qui, tout en demandant grâce, commandait le respect :

— Raphaël, nous sommes sous le toit de mon mari !

Raphaël soupira malgré lui, mais il s'inclina devant cette suprême pudeur, et il demanda, en s'efforçant de se dompter lui-même :

— Quand vous reverrai-je, Mathilde ?

— Demain, mon ami...

— Ici ?

— Non.

— Où donc ? — s'écria Raphaël avec un tressaillement de joie.

— Vous le saurez ce soir.

— Comment ?

— Je vous écrirai.

— Oh ! merci, Mathilde ! merci, ma bien-aimée... merci !!

Et le vicomte, après avoir couvert de nouveaux baisers les deux mains de la jeune femme, quitta l'hôtel, en chancelant comme un homme ivre sous le poids de son bonheur, et courut s'enfermer chez lui, où il attendit la lettre bien heureuse qui, pareille au : *Sezame ouvre toi !* des Contes Arabes, devait, talisman magique, lui livrer la clé du plus doux et du plus précieux de tous les trésors.

Cette lettre arriva vers le soir.

Raphaël ne connaissait point l'écriture de Mathilde, et cependant, — voyez l'instinct du cœur, — quand Acajou lui remit une enveloppe étroite et parfumée, dont le cachet de cire blanche portait l'empreinte d'une colombe tenant dans son bec un rameau d'olivier, il n'eut pas un instant de doute et d'hésitation, — sûr d'avance que la lettre était de la duchesse il se vérouilla dans sa chambre afin de n'être pas dérangé, et il usa presque l'enveloppe, sous ses baisers, avant de se décider à en rompre le cachet.

Voici ce qu'il lut :

« Mon ami,

« Je crois à votre amour et vous avez le
« mien tout entier.

« Je ne me dissimule ni la grandeur du
« crime que je commets en vous aimant, ni les
« remords et peut-être les malheurs qui sui-
« vront un jour ce crime, — mais ne craignez
« rien, je vous en parle en ce moment pour la
« dernière fois, et je n'attristerai jamais votre
« bonheur, ni par un regret, ni par une larme.

« Je suis à vous désormais plus qu'à moi-
« même, Raphaël, mais mon honneur n'appar-
« tient pas à moi seule et je dois le conserver
« intact, aux yeux du monde, pour celui dont
« je porte le nom.

« *Je ne dois donc pas aller chez vous, Ra-*
« *phaël, et je n'irai jamais...*

« *Trouvez un asile mystérieux où se cache-*
« *ront nos amours...*

« *Que personne, dans la maison que vous*
« *choisirez, ne puisse soupçonner, ni qui vous*
« *êtes ni qui je suis.*

« *C'est pour vous que je suis coupable, —*
« *c'est à vous de me sauver du mépris qui*
« *m'atteindrait si ma faute était connue...*

« *Dieu m'est témoin que je vous aime assez*
« *pour ne reculer devant rien, et pour tout bra-*
« *ver, s'il le fallait, pour vous suivre, — mais,*
« *je vous le répète, mon honneur ne m'appar-*
« *tient pas...*

« *Je ne suis pas libre, mon ami, — ma posi-*

« tion dans le monde m'impose de terribles en-
« traves, — je suis entourée de valets qui, tous,
« peuvent devenir peut-être des espions et des
« délateurs.

« Pour déjouer ces argus en livrée, je n'ai
« qu'un seul moyen, et ce moyen m'épouvante,
« car c'est un sacrilège...

« Cependant, il le faut!

« Que Dieu me le pardonne!...

« Demain, à midi et demi, je descendrai
« de voiture à la porte de l'église Saint-Roch.

« Vous me trouverez dans la seconde cha-
« pelle latérale, du côté gauche... ne me parlez
« pas dans l'église... la foudre nous écraserait
« tous deux...

« Ce que je fais là est horrible... horrible!

« *Vous allez me mépriser, Raphaël...*

« *Dieu me punira!... — Oh! pourvu qu'il*
« *ne punisse que moi!*

« *Où vous me menerez, j'irai.....*

§

Après avoir lu cette lettre, avec des transports plus faciles à comprendre qu'à décrire, Raphaël s'habilla et se prépara à sortir.

Au moment où il allait franchir le seuil de son appartement, Acajou s'approcha de lui, la casquette à la main, et lui dit :

— Monsieur le vicomte me permet-il de disposer de deux heures de la soirée ?

— Parfaitement, — répondit Raphaël, — pourvu que vous soyez rentré ici à onze heures, c'est tout ce que je vous demande.

— J'ai l'honneur de remercier monsieur le vicomte.

Raphaël s'éloigna.

Acajou sortit de la maison cinq minutes après son maître...

L'excellent nègre prit un cabriolet sur le boulevard et se fit conduire à la rue Meslay.

M. de Maubert le reçut.

Acajou lui dit alors que, d'après ses ordres, il venait l'informer de l'arrivée d'une lettre à l'adresse de M. le vicomte, lettre portant sur un cachet de cire blanche un petit oiseau et une branche d'arbre.

— Fort bien ! — répliqua le baron, — et, dites-moi, mon garçon, votre maître avait-il l'air content après avoir lu cette lettre ?

— Il avait la mine joyeuse d'un homme qui vient d'hériter ! — répondit Acajou, en montrant ses dents blanches dans un large sourire.

— Et, vous ne savez pas où il a placé ce billet, en sortant ?

— Ma foi non, monsieur le baron.

— Eh bien ! mon ami, quant à l'avenir il arrivera des lettres semblables à celle d'aujourd'hui, observez avec le plus grand soin ce que votre maître en fera et venez me le dire. — Voici vos deux louis, — mon garçon, — et souvenez-vous bien que le jour où M. le vicomte laisserait par hasard traîner un des billets dont il s'agit, et où vous m'apporteriez ce billet, ce ne seraient plus deux louis, mais bien vingt, que je vous donnerais en échange !

FIN DU QUATRIÈME VOLUME.

TABLE

DEUXIÈME PARTIE.

— *Suite.* —

LA DUCHESSE.

— *Suite.* —

Chap. XVIII.	La Fête.	5
XIX.	Un quadrille	25
XX.	L'amour d'un vieillard.	41
XXI.	Extase.	61
XXII.	Causerie de mari	75
XXIII.	La police du baron	93
XXIV.	La police du baron. (*Suite.*)	113
XXV.	Sidi-Pacha	135
XXVI.	Miss Ophélie.	155
XXVII.	La signature.	175
XXVIII.	La signature. (*Suite.*)	199
XXIX.	Janus.	215
XXX.	La course.	237
XXXI.	La course. (*Suite.*)	255
XXXII.	Un adultère.	267
XXXIII.	Un adultère.	285

Sceaux. Impr. de E. Dépéo.

OUVRAGES COMPLETS EN VENTE :

UN CAPRICE DE GRANDE DAME

Par le Marquis de Foudras, 3 vol.

UN CAPITAINE DE BEAUVOISIS

Par le Marquis de Foudras, 4 vol.

UN MARI CONFIDENT

Par Madame Sophie Gay, 2 vol.

JACQUES DE BRANCION

Par le Marquis de Foudras, 5 vol.

NELLY

Par Amédée Achard, 2 vol.

Sceaux. — Imprimerie de E. Dépée.

www.ingramcontent.com/pod-product-compliance
Lightning Source LLC
Chambersburg PA
CBHW071244160426
43196CB00009B/1158